元宇宙时代

[韩] 金相允 著

刘翀 译

中信出版集团 | 北京

图书在版编目（CIP）数据

元宇宙时代 /（韩）金相允著；刘翀译 . -- 北京：
中信出版社 , 2022.1
ISBN 978-7-5217-3717-2

Ⅰ . ①元… Ⅱ . ①金… ②刘… Ⅲ . ①信息经济
Ⅳ . ① F49

中国版本图书馆 CIP 数据核字（2021）第 216139 号

元宇宙时代
著者： ［韩］金相允
译者： 刘翀
出版发行：中信出版集团股份有限公司
（北京市朝阳区惠新东街甲 4 号富盛大厦 2 座　邮编　100029）
承印者： 北京盛通印刷股份有限公司

开本：880mm×1230mm　1/32　　印张：9.75　　字数：206 千字
版次：2022 年 1 月第 1 版　　　　印次：2022 年 1 月第 1 次印刷
京权图字：01-2021-7086　　　　　书号：ISBN 978-7-5217-3717-2
定价：69.00 元

21 世纪，

是元宇宙的时代。

无论你是谁，

我们注定将生活在一个真实世界与元宇宙共存的年代。

对本书的赞誉

元宇宙的基础架构正是在于连接各技术体系，重组各技术要素，通过全面融合、有机整合，构造出全新的充分连接的高阶数字化社会。可以说，元宇宙是对各项互联网相关技术的全面连接、融合与重组，是互联网全要素有机融合的终极模式，是未来互联网全要素发展的终极"远景图"。

——教育部长江学者特聘教授、北京师范大学教授
喻国明

读者可以借助阅读《元宇宙时代》的机会，放弃空想、空谈，以"知行合一"的态度，亲身实践由本书作者总结的"虚实共生"的数字化生活方式，也就是不要听别人说什么是元宇宙，而是要自己亲身经历这种"虚实共生"的生活方式，从而找出自己的"元宇宙"答案。

——微软首席技术官　韦青

当人类离开自己的出生地，摆脱对土地的依赖时，农业经济也就有了升级的可能。现在，人类开始试图摆脱对具象世界的依赖，进入拥有极大魅力的数字世界，传统工业文明正在进入崭新的时代。《元宇宙时代》用大量真实的案例展示了未来虚拟世界的丰富多彩，这些案例从增强现实、生命日志、镜像世界、虚拟世界四个方面覆盖了人们日常生活和工作的方方面面，让读者触摸到了虚拟世界的真实。

从网络技术角度看，元宇宙是互联网的升级；从社会发展角度看，元宇宙是社会进化的契机。每个个体现在已经在充分享受着元宇宙初期带来的各种服务。

相信元宇宙的未来会更加美好！

——北京邮电大学教授、5G 专家　孙松林

元宇宙时代新美学世界最重要的元素是元宇宙力，感知力、认知力、创造力、想象力构建了新的美学系统。元宇宙时代是一个千人千面皆美的时代，面对未知，一切逻辑失效，任何发明与创造都将依赖想象力。

——洛可可创新设计集团董事长　贾伟

由于好奇心的驱使，我们似乎已不满足于作家笔下讲述的一个个光怪陆离的故事，而是跃跃欲试，想要亲身参与这段奇妙的生命体验，而元宇宙恰好为人们提供了这样一个载体。凭借其深

远的畅想和美好的构架，元宇宙也将迅速成为资本追逐的下一个"风口"。希望这本书能给你带来对"元宇宙"更多的理解，帮你推开"新世界"的大门！

——梅花创投创始合伙人　吴世春

眼下，"元宇宙"成为街谈巷议热点，各种介绍、诠释、展望层出不穷。就像每项新技术、每个新事物在诞生之初都会挑战人类认知和经验一样，如今对元宇宙的认知和实践也正处于盲人摸象阶段，所有人，包括在一线摸索的创新创业者都处于"无知之幕"。因此，所有最新的尝试和介绍都有助于完成最终的认知拼图，从而推动"元宇宙"真正建成。推荐阅读《元宇宙时代》一书，这本书根据增强现实、生命日志、镜像世界和虚拟世界这四大形态，通过新鲜、翔实的事例，努力为读者提供元宇宙的游览导引，构建较为完整的元宇宙认知，并鼓励大家展开想象的翅膀，尽早拥抱并参与元宇宙新世界的建设。

——高榕资本投资合伙人　刘新华

从 PC 互联网到移动互联网，再到 Web3.0 元宇宙，互联网新的发展节点已经来临。元宇宙的兴起势必带来人类文明的再度跃迁，带我们步入数字文明时代。未来 10 年是元宇宙发展的黄金 10 年，我们每个人都应该做好准备。《元宇宙时代》为我们描绘了这个即将来临的数字和现实混合的新世界，勾勒了个人和企业的发展蓝图。对希望了解并提前布局元宇宙的人来说，这本书不可错过。

——中国移动通信联合会元宇宙产业委员会执行主任、

火大教育校长　于佳宁

随着基于 5G 云网融合的综合性数字信息基础设施逐步完善，下一代互联网迎来爆发的前夜。在这个时间点上，我们看到 XR、数字孪生、区块链、物联网、人工智能、大数据等技术领域的进步正汇聚成一波巨大的浪潮——也就是这本书中所描述的元宇宙。元宇宙相关技术创新所驱动的生产力变革会带来对生产要素的重新定义和生产关系的重构，通过平台和应用创新的形式影响消费、娱乐、文旅、教育、制造等千行百业，重塑我们的生活、工作、经济结构和社会形态。未来我们仍会共享同一个基于物理规则的现实，也会创造无数个虚实共生的宇宙。因此，从时空的维度来看，这个时代每一个人的人生都会呈现出无限可能。

——中国电信天翼云图团队负责人　张旭

元宇宙在过去各个维度的技术逐步积累中成型，当下的爆发结合了一些应用场景，后续会加速发展，但是也会经历一个概念炒作期。这本书比较清晰地描述了元宇宙的四大类应用场景：增强现实、生命日志、镜像世界、虚拟世界，会帮助大家快速了解元宇宙的应用全貌。其中的镜像世界更是当下数字化转型中的一种关键场景，用以帮助现实世界提升效率，减少浪费。大家如果想做元宇宙的创业创新，需要对数字化有更深入的结合。

——国云数据首席执行官　马晓东

这是一部关于元宇宙的杰出著作，其中包括对当下热火朝天的各类元宇宙问题的分析。它建立了一个非常有价值的思考框架，帮助我们理解元宇宙的前世今生及其更为广阔的未来。这本书应该成为每位企业家、学者、政府官员的指导手册。因为不管愿不愿意，在互联网和手机时代之后，我们每个人都将面对不可避免到来的元宇宙时代。书中唯一的欠缺之处是对元宇宙的底层技术虚拟现实谈之甚少，而正是以虚拟现实硬件为代表的 XR 技术的创新成熟，使得人类如今逐步迈入元宇宙时代，亦如个人计算机之于互联网、手机之于移动互联网。但是瑕不掩瑜，这确实是一本关于元宇宙不可多得的好书。

——小派科技董事长兼创始人　翁志彬

随着技术的突破，"元宇宙"并不是"狼"来了，它会像互联网一样，从一个嘀嗒的拨号声开始，逐渐融入我们的生活，仿佛昨日今天并没有什么不同，但 20 年后再回望时，你才发现那正是一个伟大时代的开始。

——伊园未来科技有限公司首席执行官　姜公略

《元宇宙时代》向整装待发的业界和广大消费者描绘了元宇宙的四种未来形态：从技术到商业，从意识到投资。这是一本以"元宇宙"为关键词的数字经济科普读物。

作为数字经济时代的数字消费形态，元宇宙将以沉浸式体验内容的不断创新与应用，通过媒体物理介质的升级换代，在异构网络融合发展的支持下，成为百行千业在数字世界的新形态，是在高精尖产业发展基础上信息内容消费的典型应用，是数字技术赋能传统消费的时代产物。

——中关村现代信息消费应用产业技术联盟秘书长　陈红

"元宇宙"不是一个新的概念，其实我们早就身在其中，比如用微信聊天、用美团下单、用携程订票、用手机打游戏。"元宇宙"这个词突然走红或许有一个关键背景，就是人们一直在探讨移动互联网之后下一个划时代的技术是什么，元宇宙恰好承接、统领、综合了人们对下一个技术世界的想象。《元宇宙时代》不仅梳理了元宇宙的呈现形态，而且结合商业案例探寻了元宇宙超级变现的机会，还探讨了元宇宙的发展风险。对希望了解元宇宙是什么的读者来说，这本书是个不错的选择。

——深氢商业联合发起人　赵继成

作为"元宇宙"概念从诞生到发展的亲历者，我们也见证了互联网、人工智能、物联网、增强现实、虚拟现实、大数据、区块链和脑机接口等技术的发展和成熟。每一项技术的诞生都充满想象力，但是其发展都有自身的演变周期，所以在元宇宙概念大热的背景下，我们会看到增强现实、虚拟现实、人工智能、物联网等技术热度起起伏伏。那么，由多种现代技术综合而成的"元宇宙"会如何发展？答案就在前方。未来已来，让我们拭目以待！

——深圳市增强现实技术应用协会秘书长　钟建辉

目录

前言
欢迎来到元宇宙时代

第一章
人类向数字星球的迁徙

目录

第二章
元宇宙形态之一：增强现实

目录

第三章
元宇宙形态之二：生命日志

第四章
元宇宙形态之三：镜像世界

目录

第五章
元宇宙形态之四：虚拟世界

目录

第六章
元宇宙投资布局

目录

第七章
元宇宙并非人间天堂

后记

目录

推荐序 1

属于每个人自己的元宇宙

韦青

微软首席技术官

坦白地讲，刚刚从中信出版集团的编辑手中拿到本书的试读本时我是有些犹豫的，不知道能不能写出真正心有所感的读书笔记。原因很简单——"元宇宙"这个词太火了，火到像我们这样有工程师背景的人都无法相信的地步。

对习惯以系统工程方法来考虑问题的工程师而言，任何事物的发展都需要有一个合乎逻辑的过程。首先它得有一个起因，再有一个酝酿与发展的阶段，在这个过程中很多想法会因为不符合现实而被淘汰，只有极个别的想法能够真正生存下来。接下来还要经历产品的研究、开发、生产、销售、推广、部署、改进等阶段，直到用户开始接受一种新的产品形态，产品才算有了真正的生命力。这之后还有漫长的产品生命周期管理的过程。如果大家到网上查一下"元宇宙"这个词的流行指数，就会发现这个词是在 2021 年四五月份几乎一夜之间火起来的。在这么短的时间内就有人对这个新概念有深刻的体会吗？我就是抱着这种怀疑的态度翻开了本书。

读了十几页之后，我的心慢慢放下了，这是一部可以给人启发的作品。本书作者是一个实证者，他实证的就是如本书封面上所讲的"虚实共生的数字世界"。作者把多年在"虚实共生的数字世界"里生活和工作的体会、观察与思考写进书中，其中的关键是虚实共生。至于这种因数字技术赋能而产生的新形态叫什么，反而是无所谓的。中文"元宇宙"一词来源于 20 世纪 90 年代初由美国著名科幻作家尼尔·斯蒂芬森写的科幻小说 *Snow Crash* 中发明的 Metaverse 一词，这个词在其中译本《雪崩》中被译为"超元域"；在微软公司首席执行官兼董事长萨提亚·纳德拉的《刷新》一书中也引用过这个词来表达微软对以 Hololens 和 Teams 为代表的增强现实技术的理解，当时的中译本将其译为"虚拟空间"。当然，把 Metaverse 译为"元宇宙"比较唬人，有种让人看不懂的味道，但既然已经约定俗成，我们也就沿用这种译法吧。相比之下，百年前我们的前辈将同样以 Meta 为前缀的 metaphysics 译为"形而上学"，这其中的意境与用心高下立见。

抛开对于 Metaverse 的翻译不谈，这本书对于元宇宙技术的描述，其概念的外延与内涵同时覆盖了虚拟的数字世界与现实的物理世界。尽管作者分析的主要是虚实共生的数字世界的特点和应用，但他也始终强调物理世界中人类福祉的重要性。也就是说，无论什么样的虚拟世界，它最后所要服务的是现实世界中人类的福祉，它要保证的是人类在现实世界里享受到的利益、幸福感和人与人之间的关系。数字世界的作用是用来强化现实世界的体验、延展现实世界的边界，以及提高现实世界的效率。

由于作者的实践背景，正如"小马过河"这则寓言所表达的那样，一旦亲身实践之后，我们对于"元宇宙"的理解，既不会像有些人认为的如神话般伟大，也不会像另外一些人形容的如妖魔般危险，它是在众多数字化技术发展到一定程度之后的必然产物，同时也是人类社会朝向智能化发展的必然阶段，其中技术价值观的取舍，必然以人类自身的价值观为基础。正如《易经》中所言，"一阴一阳之谓道"，凡事有利必有弊，我们能做的，只是尽量扬长避短，既不必因噎废食，也不能"因食忽噎"。人类几千年的发展历史，是不断利用机器能力提升自身能力的历史，从来没有"非黑即白"或"非好即坏"的技术，其中的关键是人类如何做出符合自身价值观的取舍，是一味追求满足己身的私欲，还是以人类共同福祉作为决策的约束前提，这是超越技术的根本问题。

当各种信息技术发展到当前的成熟度，人类社会必然会出现"虚实共生"的能力，这在被称为Z世代或00后的"数字时代原住民"的年轻人中表现得尤为明显。由于"数字原住民"一代刚刚进入社会，这也代表着当下社会主流观念的持有者绝大多数依然是"数字时代移民"，因此对这种"虚实共生"的社会形态的观念有巨大的反差。这才是当前对于元宇宙理解混乱的根本原因，大多数人都在自说自话，或者道听途说，能够真正下水亲自证得"春江水暖"的实践者太少。与大多数人依据自己的想象力来评判"元宇宙"这个连外延与内涵都没有达成统一意见的概念不同，这本书的作者采取了一种实证精神，根据自身的实践，主动定义了"元宇宙"的四种存在形式，在明确了概念的边界后，以实际案例来讨论"元宇宙"的过去、当下与未来。在我看来，正是基于这种客观、实际的态度，作者对目前逐渐成型的人类新型数字化生活、学习与工作方式提出了自己相对平衡的观点，这是这本书的价值，也是对当下虚火的"元宇宙"潮流的最大贡献。

当大多数媒体将"元宇宙"解读为与游戏、虚拟产品、区块链等技术密切相关的产品和服务形态时，本书作者没有局限于所谓的去中心化或者虚拟化的概念，而是将大家都在想象的元宇宙明确地定义了四种虚实共生的存在形式，即"增强现实""生命日志""镜像世界""虚拟世界"，我也想就此与读者交流一下我的体会和理解。

首先是增强现实。按照作者的解释，增强现实是由"真实世界"加上"奇幻表达"与"便捷实现"所共同构成的新世界形态。其最主要的特征就是使用增强现实技术，也就是通常所说的 AR

或者称为 Augmented Reality 的技术，实现对现实世界的增强。如果大家用过微软的 Hololens 混合现实眼镜，就能理解现代技术是如何利用人类的视觉生成机制在现实世界中叠加上由数字技术模拟的虚拟存在，让人类感觉好像看到了在现实世界中额外形成的一种存在。这种形式的强大之处在于利用人类的感觉特征营造一种虚幻的存在。需要强调的是，虽然目前这种增强现实能力主要表现在视觉和一部分听觉领域，但从严格意义上来说，它应该包括增强由人类的眼、耳、鼻、舌、身五种感官产生的所有色、声、香、味、触的感觉。这种虚幻存在是加载在现实世界之上的，如果应用得当，能够极大地强化人类在现实世界中的生活、学习与工作体验和结果；但如果应用失当，像作者给大家讲述的"迷情眼镜"故事那样，就会对人类社会经历漫长发展过程而形成的生理、心理、伦理、道理、法理等诸方面的规范造成严重的影响和后果。

这种对于先进技术正反两面的能力描述，会加深广大读者对于现代技术的全面理解，能够让我们每个人都意识到技术就像一把双刃剑，越先进也就越锋利，既可以帮助人类也可以毁灭人类。至于如何做出对人类最有利的选择，作者提出的方案是让我们每个人展开作为"智人"的想象力，想象增强现实元宇宙会给人类带来什么样的好处和什么样的问题。对于这一点，我想提出我的观察供读者参考。

事实上，针对当下层出不穷的先进技术，目前的普遍现象恰恰在于绝大多数的人类已经无法利用现有的知识和人生经验来理解这些先进技术的本质，也就是无法仅凭想象力去想象这种技术所能带来的结果，因为现代技术的突破，绝大多数已经超越了人类传统的认知边界，也可以说我们"无法知道我们不知道的"。

当技术的能力边界还在人类的认知范畴之内时，我们可以通过类比的方法尝试去理解这样一种技术能力，即它与我们认知边界内已有的技术能力不同，但实现这种技术能力的原理仍在我们的认知边界内。但是如何理解我们认知边界之外的技术能力呢？已经无法依靠类比的方式，因为原本被类比的对象正是要被打碎重构的对象。这也就是为什么现在越来越流行第一性原理的说法和尽量少用类比的建议。对人类而言，衣食住行就是人类的第一性需求。由于数字技术的进步，人类在过去几百年、上千年所形成的满足衣食住行的技术能力都在被打碎重构。如果我们还在用类比的方式尝试去寻求新的能力突破，大概率我们是在原来的认知圈圈内打转。解决方案只有回到满足人类基本的第一性需求的基础上，重新审视数字化技术所带来的全新技术能力，在此基础上重构满足人类第一性需求的实现方式。这就是现在元宇宙带来的最大机会，同时也是那些尝试以非数字化思维来理解数字化技术能力的人所面临的巨大认知挑战。

基于上述观点，再加上现在存在以元宇宙为代表的诸多认知乱象，读者可以借助阅读这本书的机会，放弃空想、空谈，以"知行合一"的态度，亲身实践由本书作者总结的"虚实共生"的数字化生活方式，也就是不要听别人说什么是元宇宙，而是要自己亲身经历这种"虚实共生"的生活方式，从而找出自己的"元宇宙"答案。

如果能够这样去做，那么作者接下来描述的"生命日志"、"镜像世界"和"虚拟世界"就有可能帮助广大读者打开属于我们每个人自己的"元宇宙"世界。这是我阅读这本书之后的体会，同时也希望读者能够借此机会踏上自己的数字化康庄大道。

最后，我想以我最喜欢的一段话与读者共勉：与现实世界一样，正义与邪恶、和平与分裂、分享与独占在元宇宙中也是一直并存的。在这两个世界中，面对同一事物的一体两面，我们所做的选择和愿意承担的责任，最终决定了天平会在多大程度上倒向哪一方。一切取决于我们。

推荐序 2

何以"元宇宙"

喻国明

教育部长江学者特聘教授，

北京师范大学教授

作为中信出版集团出版的新书《元宇宙时代》的第一批先睹为快者，我的第一感觉是收获满满。该书由韩国江原大学教授金相允撰写，他从一个学者的视角出发，对元宇宙的概念、表现形态、商业机会以及背后的风险进行了系统梳理，对于我们把握这样一个全新的、必定会对我们产生深刻而重大影响的未来媒体的系统集成，具有特别重要的认知价值。在此，作为一个读者和研究者，我不揣冒昧谈谈自己的一点儿心得。

巨头入局"元宇宙"

近来,互联网领域最受追捧的热点非"元宇宙"莫属。国内外各大科技公司纷纷布局相关领域、加码相关赛道。微软在 Ignite 2021 大会上宣布,计划通过一系列整合虚拟环境的新应用程序来实现元宇宙,让数字世界与物理世界共享互通。脸书宣布战略转型,更名为 Meta,聚焦元宇宙生态构建,未来 10 年将在社交、游戏、工作、教育等各个领域发力,建立一个数字虚拟新世界。既提供游戏又提供创作游戏的工具,还有很强的社交属性(玩家可以自行输出内容、实时参与)和独立闭环的经济系统的罗布乐思(Roblox)在招股书中强调自身这个兼具游戏、开发、教育属性的在线游戏创建者系统要做的便是"元宇宙";被誉为"元宇宙第一股"的罗布乐思在 2021 年 3 月上市后,股价一飞冲天,成为美国资本市场备受关注的明星股。在国内,字节跳动收购了虚拟现实设备公司 Pico(小鸟看看),投资了元宇宙概念公司"中国版罗布乐思"代码乾坤,还投资了视觉计算及人工智能计算平台提供商摩尔线程和 3D 视觉技术解决方案提供商熵智科技等技术支持公司。腾讯则在 2020 年 2 月便已参投罗布乐思的 G 轮融资,腾讯董事会主席兼首席执行官马化腾于 2020 年年底在腾讯内部刊物上发文称,移动互联网将迎来下一波升级——全真互联网,并于 2021 年进行了组织架构大调整,探索游戏与社交更深层次的绑定。此外,网易、莉莉丝、米哈游、中青宝等游戏公司也都有与元宇宙相关的布局。不少国际知名咨询企业也纷纷看好元宇宙的未来。彭博行业研究报告预计，元宇宙市场规模在 2024 年将达到 8000 亿美元；普华永道预计，元宇宙市场规模在 2030 年将达到 1.5 万亿美元。可以说，一时间，"元宇宙"这个概念在科技圈和资本圈获得了无出其右的关注。

元宇宙溯源与图景展望

其实，"元宇宙"（metaverse）并非新词汇。1992 年，尼尔·斯蒂芬森的科幻小说《雪崩》（*Snow Crash*）中提出了"metaverse"（元宇宙，中译本译为"超元域"）这个概念，描述了一个平行于现实世界的虚拟世界（Metaverse），所有现实生活中的人都有一个网络分身 Avatar，现实人类通过虚拟现实设备与虚拟人共同生活在虚拟空间。受到尼尔·斯蒂芬森的启发，林登实验室 (Linden Lab) 于 2003 年推出游戏《第二人生》（*Second life*），这是一个开创性的现象级虚拟世界，人们可以在其中社交、购物、建造、经商；它不是单纯的游戏，没有故意制造的冲突和明确设定的目标，而是拥有更强大的世界编辑功能与更发达的虚拟经济系统。如果从开放多人游戏的角度理解元宇宙，那么元宇宙的孕育甚至可以回溯到 20 世纪 70 年代末以文字为交互界面的、将多用户联系在一起的 MUD 游戏。但显然，这些开放多人游戏与当前引发热议的"元宇宙"概念已相距甚远。

那么，"元宇宙"究竟指什么呢？"元宇宙"这一概念还未有统一的界定，从字面意思来理解，"Meta"和"元"意味着"超级""超越"，是一种更高的、超越的状态，"Universe"和"宇宙"意味着"空间""世界"，是全面的、广泛的存在，"元宇宙"即超越现实世界的、更高维度的新型世界。问题的关键在于应该如何理解这种超越。其实简单地说，所谓"元宇宙"就是互联网、虚拟现实、沉浸式体验、区块链、产业互联网、云计算及数字孪生等互联网全要素的未来融合形态，又被称为"共享虚拟现实互联网"和"全真互联网"。可以看出，元宇宙不是某一项技术，而是一系列"连点成线"技术创新的集合。它集区块链技术、交互技术、电子游戏技术、人工智能技术、网络及运算技术等各种数字技术之大成，是集成与融合现在和未来全部数字技术的终极数字媒介。因此，它将实现现实世界和虚拟世界连接革命，进而成为超越现实世界的、更高维度的新型世界。本质上，它描绘和构造着未来社会的愿景形态。

虽然有不少专业人士指出，当前对元宇宙的讨论存在过度预期的风险，但我们在承认当下数字技术发展水平离建构真正意义上的元宇宙还有很大一段距离的同时，更需意识到的是，"泡沫"的存在及其程度其实也是技术对于现实关联的深刻性与改变程度的一个指标——足够重要、足够深刻，社会才会聚焦；越突破、越有想象力，讨论才越热烈。从这个角度来看，社会各界对元宇宙的热议与畅想恰恰是因为元宇宙作为一个未来互联网全要素关联融合的愿景，激活了人们对于未来互联网发展的极大想象力。所以说，尽管在元宇宙概念的社会性膨胀中确有巨大的泡沫，但它的深远价值是在一个更高的维度上确立了未来互联网发展的方向。换言之，元宇宙从互联网发展的终极形态的技术意义上，定义着今天的技术迭代和产业发展的方向。

元宇宙的底层架构

显然，再造一个全新的数字化社会，是一个生态级的系统性工程，至少需要从环境建构到系统支持再到功能填充的多个层次。环境层是底层性的、基础性的交互环境建构，关键是以数字孪生的方式生成现实世界的镜像，搭建细节极致丰富的拟真场景。系统层是中观的、支持性的社会基本契约系统的建构。

罗布乐思的首席执行官认为元宇宙至少包括身份、朋友、沉浸感、低延迟、多元化、随地、经济系统和文明等要素，其中，身份、朋友、经济系统和文明其实都属于系统层的建设。经济系统的构建尤为关键，因为它关系到新型数字世界中的价值归属、流通和变现问题。行动层囊括社会生产生活的各种场景，提供人们数字化生活所需的各项服务，类似于当前传播生态中的平台层和应用层，创造了社会连接与互动的功能可供性和价值可能性。

可见，这不是某一项或是某几项技术简单相加就能完成的。我们可以通过剖析元宇宙的支撑技术构成及各技术要素角色进一步把握未来传播的基本格局。支撑"元宇宙"的六大技术支柱 BIGANT 包括区块链技术（Blockchain）、交互技术（Interactivity）、电子游戏技术（Game）、人工智能技术（AI）、智能网络技术（Network）、物联网技术（Internet of Things）。我们展开来看。

作为综合了加密算法、共识机制、分布式数据存储、点对点传输等成熟信息技术的集成创新技术，区块链可被理解为一个不可篡改的分布式账本，它能通过支持数字资产的确权与交易成为建立价值网络的基础平台。当然，其实际意义要远远超过商业与金融领域。凡是互联网连接所及的地方，区块链技术就会成为一种全新的社会组织方式——伴随着"去中心化"，如何重构个人、社群与社会的有序且有效的连接，重构新的权威与信任便成为互联网与社会进化中的关键问题。而区块链恰恰是这样一种基于权利平等的个体间如何重拾信任和组织的全新技术基础上的全新组织逻辑和规则范式。概言之，区块链技术是实现去中心化的分布式社会中人与人信任、协同的技术基础。

包含虚拟现实、增强现实、混合现实、全息影像、脑机交互等的交互技术持续迭代升级，不断深化感知交互。当前的互联网技术只是实现了部分信息流的线上化，虽然人类感官中的听觉与视觉率先实现了突破，但嗅觉、味觉及触觉等感官效应目前还未被触达和满足，而元宇宙在未来发展中的一个关键维度上的突破就是将致力于实现人的嗅觉、味觉及触觉等感官效应的线上化，即实现人类在虚拟世界中感官的全方位"连接"。简而言之，交互技术为用户提供更全面立体的交互方式、更沉浸的交互体验，为元宇宙的世界提供从物理世界到生（心）理世界、从现实空间到虚拟空间的全面无缝连接。

游戏范式则是元宇宙的运作方式和交互机制。作为人们基于现实的模拟、延伸与加工而构建的虚拟世界，游戏给予每个玩家一个虚拟身份，并可凭借该虚拟身份形成社交关系。玩家在游戏设定的框架与规则内拥有充分的自由度，可以利用游戏货币在其中购物、售卖、转账，甚至提现。与之相似，元宇宙为人们提供了不受现实因素限制的虚拟空间，人们可以重新"选择"自己的身份并按照自己选定的角色展开自己一重甚至多重虚拟空间中的生命体验，并且实现新的价值创造。可见，游戏形态其实既是元宇宙运作的基本范式，也是元宇宙中社交互动的基本机制。也许正因如此，云游戏被视为最先可能创造元宇宙场景的领域。

智能网络技术、物联网技术以及人工智能技术等网络及计算技术的不断升级则夯实了元宇宙网络层面的连接力与效率。不难想象，要达到随时随地沉浸式进入和体验元宇宙，在移动网络能力足够强大的同时终端还要足够便携和易佩戴，这就意味着终端侧的计算、存储、渲染处理等能力需上移到边缘和云端，再利用大带宽、低时延的网络能力将内容实时分发给终端。这种"瘦终端、胖云端"的模式需要在移动通信网络内部署广泛分布的边缘计算节点，构建算网融合的基础底座。

通过上述分析可以看出，元宇宙的基础架构正是在于连接各技术体系，重组各技术要素，通过全面融合、有机整合，构造出全新的充分连接的高阶数字化社会。可以说，元宇宙是对各项互联网相关技术的全面连接、融合与重组，是互联网全要素有机融合的终极模式，是未来互联网全要素发展的终极"远景图"。

元宇宙的构建路径

构筑元宇宙是繁复巨大的生态系统工程，绝非某一个或者某几个公司就能完成的，充分开放协同、强调主体参与才是题中应有之义。毕竟，以互联网为代表的数字媒介对于社会的重构是基于开放条件之下的连接和再连接，开放与连接或者说共享与协同是未来传媒发展不会改变也不应改变的基本准则。目前来看，对元宇宙的初期探索确实基本遵循着用户参与的原则：罗布乐思中大部分内容是由业余游戏创建者创建的，用户可以通过 Roblox Studio 自主创作游戏，然后邀请其他玩家来参与，并随着其他人的参与对游戏进行快速更新和调整。正是因为游戏库能根据社区玩家的整体需求不断变化和扩展，罗布乐思才收获了如此强的用户黏度。截至 2020 年年底，罗布乐思用户已经创造了超过 2000 万种（游戏）体验，其中 1300 种（游戏）体验已经被更广泛的社区造访探索。在 2021 年的 Connect 大会上，扎克伯格强调，"未来我们元宇宙将尽可能服务更多的人，包括普通人（People）、创作者（Creators）以及商业机构（Business）"。显然，他将创作者提到了一个前所未有的高度。为吸纳更多的创作者，脸书宣布推出 Presence 平台，该平台包含用于开发混合现实体验的 Insight 软件开发工具包（SDK）；可以更轻松地向应用程序添加手部交互的 SDK；可以帮助构建语音输入体验的 SDK，旨在帮助开发人员在 Quest 平台上构建混合现实。此外，脸书还搭建了一整套完整的职业培训课程和认证路径，将此前推出的 Facebook AR Curriculum 计划扩展为 Spark AR Curriculum，并出台正式的 Spark AR 认证计划；参与培训和通过考核的开发者将获得认证，未来其作品将很可能成为元宇宙的一部分，并与脸书共享收益。

需要强调的是，元宇宙的共同建设要想持续，需要以去中心化的平权式的共享机制和共治机制为保障；也就是说，要想做大蛋糕，必须分好蛋糕。在元宇宙中，用户生产内容之后的激励机制或者价值回报机制的建立与完善至关重要，这也是作为元宇宙重要技术支撑的区块链技术的关键应用之处。以罗布乐思的经济系统为例，玩家购买 Robux 币，然后消费 Robux 币，开发者和创造者通过搭建游戏来获得 Robux 币，运营方在其中收取一小部分佣金；Robux 币可以重新投入游戏中，也可以进行再投资，或者兑换现实世界的货币，不过每年至少赚取 10 Robux

币才有资格加入把 Robux 币转换成美元的"开发者兑换"计划。可以说，去中心化的价值回报是提升主体建构与积极投身新场景的重要手段。在这个意义上，元宇宙将是个人与各种机构实现价值增量的重要新领地。

未来已来

正如未来学家阿尔文·托夫勒在《未来的冲击》一书中所描述的，虽然人类已有 5 万年的生存史，但当前人类日常使用的绝大多数物资都是第 800 个世代的成果，他将"第 800 个世代"阐释为"断绝的时代"——变革速度大大提升，变革的影响范围及扩张程度也远超任何世代。不可否认，这是一个最具颠覆性和创新性的时代。以数字化、网络化和智能化为核心的新一代信息技术创新代际周期大幅缩短，应用潜能裂变式释放，正以更快速度、更人范围、更深程度引发科技革命和产业变革。当前社会聚焦的"元宇宙"便是对多种新兴技术的统摄性想象，其突然火热，是相关技术不断发展与成熟的结果。当然，我们与终极形态的元宇宙还相距甚远。但也需要意识到，智能手机、脸书等新科技实现大规模市场化的速度比电话等科技快了 30~50 倍，科技加速进步呈现出"曲棍球杆曲线"；在这个不同寻常的加速度时代，元宇宙的实现也许离我们也没那么遥远。

推荐序 3

元宇宙力重构美学新世界

贾伟

洛可可创新设计集团董事长

"我在现实生活中玩耍，而不是真正地活在现实中。"这句话出自宝拉·霍金斯的小说《火车上的女孩》。这句话可以用来表达此前大多数人对于虚拟世界的认识：虚拟世界是个玩耍的地方，人还是要活在现实世界里。但是，通过这句话，我感知到一场人类文明的数字大迁徙——从本宇宙向元宇宙世界的大迁徙。2021 年是元宇宙元年，人类开启了真实与虚拟共生的元宇宙时代，我也开启了一系列的思考。

第一个思考：为什么会出现元宇宙时代？究其原因，我认为是天时、地利、人和共同作用的结果。天时即新冠肺炎疫情在全球蔓延，加速了数字化迁徙的速度，人们越来越习惯远程工作，久困疫情之中，生活也被迫更加数字化。地利即技术发展和用户增长成为元宇宙的基础，5G、区块链也在这两年大热，并被普通人所理解和应用。人和即个体的数字社交、创造需求和资本的投资需求同步高涨。在网上养虚拟宠物已有多年，跟虚拟人物约会、谈恋爱甚至结婚的新闻也时有报道，人们已渐渐分不清自己在虚拟世界中的样子还是在现实中的样子更重要。

第二个思考：在元宇宙时代，人类会有什么改变？人类灵魂三问的答案会不会改变？"我是谁？"，我可能不是自然形态的，我可能是一个数字形态的，我可能是增强现实、虚拟现实、混合现实形态的。自然，"我从哪里来？""我到哪里去？"这些问题的逻辑也会改变。

第三个思考：是什么促使这些问题的底层逻辑发生了改变？我认为是元宇宙力。元宇宙有四力：一是感知力系统升级，人类开始从本宇宙的五感感知，进入元宇宙时代的 N 感感知；二是认知力系统重构，人类开始从本宇宙的自然规则、文化规则进入元宇宙时代格式化式的算力认知；三是创造力系统涌现，人类开始从本宇宙的自身创造，以人的需求为主体的创造，转到元宇宙时代的作品即商品、创造即生产、想到即出现、所想即所得；四是想象力系统爆发，人类开始从本宇宙借助物理系统的大脑想象，进阶到元宇宙时代的无限想象。

第四个思考：在这样一个元宇宙力影响和颠覆本宇宙一切的元宇宙时代，我们的美学新世界是什么？基于现在已有的元宇宙在电影、游戏中出现的应用之美，我通过这些数字艺术的入口，看到元宇宙中美学世界的雏形。首先，我认为元宇宙的美学世界，底层必须有几个技术之美。一是数字之美。因为元宇宙是意识流和信息流的东西，思想意识通过信息流转换，数字之美就是数字变成了一个美学标准，它构建了一套完整的数字自身的美学思想体系。二是人工智能的公式之美。我们生活的地球公式很复杂，所以我用三种人工智能算法公式构建了我的元宇宙，人工智能之美的公式构架本身就是一种底层美学，它有道德，有文化，有呈现。增强现实、虚拟现实、混合现实是思想本身，是呈现，它不是出现了之后就不变，而是呈现出更多的意识流。在整个元宇宙世界，所有的东西都是以微秒为单位，在变化、在自生长。其次，我认为元宇宙时代新美学世界最重要的元素是元宇宙力，感知力、认知力、创造力、想象力构建了新的美学系统。元宇宙时代是一个千人千面皆美的时代，面对未知，一切逻辑失效，任何发明与创造都将依赖想象力。元宇宙时代的世界不是真的，脑海中想象的世界才是真的。

随着元宇宙时代的到来，我们需要以元宇宙力推动重构美学新世界。

推荐序 4

元宇宙：一个伟大时代的开始

姜公略
伊园未来科技有限公司首席执行官

"元宇宙"这个词虽然近期才开始被热议，但实际上对我们每个人来说并不陌生。阅读一本小说、看一部电影、玩一场游戏，甚至望着窗外做一个白日梦，我们都仿佛"身"在现实，"神"却置身于另一个世界。那个世界的时间与现实的时间重合，所以也可以称之为"平行世界"，也是我所理解的"元宇宙"的雏形。

为什么说是雏形呢？这个"出神世界"以前只是短暂地、虚幻地、不连续地出现在我们每个人的现实世界里。但通过技术的手段，它可以连续地、看得见摸得着地、随时随地切入我们的现实生活。这就是我们所生活的数字世界。过去 40 年，数字世界已经无处不在地融入我们的现实世界。而今，通过增强现实、虚拟现实、区块链、互联网、云计算技术，我们可以打造一个无限接近真实世界的"平行世界"，即真正的元宇宙。

有人说元宇宙会让人沉沦其中无法自拔，从而让人类堕落。但实际上，真实世界也是通过生物感官在大脑中的一种映射。虚拟数字世界不一定会让所有人受益，但一定会让大多数人受益。尽可能长久、丰富地体验这个美好的世界是人类的本能，这和人想要健康长寿，喜爱旅游、购物、娱乐是相辅相成的。虚拟数字技术可以让稀有的资源以最低的成本无限地复制，从而普惠大众。比如，人们可以不用飞到卢浮宫就能看到蒙娜丽莎，不用亲临诺坎普就能看到巴萨的比赛，打开手机就能瞬时穿梭于发生在世界各个角落的精彩，而这些复制和传播几乎是零成本的。我看到过一组数据，持有护照的中国人不足 1 亿，有 70% 的人从没离开过自己生长的地方。如果利用虚拟现实技术，让大多数人足不出户就能无限接近真实地去探索这个世界，将是一件极有价值和意义的事。

既然手机、互联网打造的数字世界已经融入我们的生活，那"元宇宙"又有什么特别之处呢？现在的数字世界实现的更多的是工具属性：购物、外卖、看电影、玩游戏。而元宇宙是一个开放的平行世界，对它可以有多种解读。在我看来，它具有三个特征：感官拟真、社会体系、经济体系。感官拟真依靠的是增强现实、虚拟现实技术，这个技术将在未来 10 年迎来颠覆性突破，也是我们公司的愿景所在。社会体系目前已经比较成熟，大家在互联网上交友、谈恋爱、打游戏，已经形成了熟人和陌生人关系网。经济体系是形成完整生态必不可少的一环。从贝壳到黄金再到法币，货币需要不可随意复制且被广泛认可，但虚拟世界的任何数字资产都可以无成本、无限制地复制。区块链和NFT（非同质化代币）技术的出现完美地解决了这个问题。拥有了上述三个特征，在元宇宙中，我们可以试想回到古代，在其中拥有自己的身份、职业、朋友、恋人，可以购买自己的房屋、马匹，可以和同僚联合起来建一座宫殿或征战四方。在现实中，我们每个人都有无法突破的藩篱；而在元宇宙中，每个人都可以拥有自己的伊甸世界。

随着技术的突破，"元宇宙"并不是"狼"来了，它会像互联网一样，从一个嘀嗒的拨号声开始，逐渐融入我们的生活，仿佛昨日今天并没有什么不同，但20年后再回望时，你才发现那正是一个伟大时代的开始。

前言

欢迎来到元宇宙时代

这是陌生世界的轰然降临，还是蛰伏宇宙的次第觉醒？

　　2020 年年初，由新冠病毒导致的疫情出现，随即蔓延全球，人们的生活方方面面都发生了深刻的变化。事实上，说它是一种变革也不为过。过去我们曾认为面对面交流是最好的沟通方式。无论是学习、工作，还是出门闲逛，无论是在咖啡馆、饭店、公园，还是在教室、办公室，三五成群似乎才比较理想。然而，新冠肺炎疫情令这一切变得艰难。

　　无接触、远程教育、Zoom 会议、思科网迅 (Webex)、微软 Teams 这样的词，在 2019 年年末之前对许多人来讲还很陌生。然而仅在新冠肺炎疫情出现后的短短数月，这些词就已经渗透到了我们的日常生活中，无论是小学阶段的学龄儿童，还是鹤发苍苍的企业高管，无一不受其影响。"无接触"时代，沟通与互动不再需要彼此相见。人们将信将疑却又充满好奇，就这样被裹挟着来到新世界的面前。

可是，这样的世界我们真的闻所未闻、前所未见吗？其实并不见得。新冠肺炎疫情出现之前，无接触的世界已经与真实世界共同存在了。我们从前也会在社交媒体上发布日常生活，给别人点赞、留言；教师与学生也会通过网络大学远程开展教学活动；跨国公司也会通过各种视频会议与协同工具处理海外业务；更别提世界上大约有一半人会用网络游戏来打发休闲时光了。

新冠肺炎疫情之前的这个无接触世界，就是我们所说的"元宇宙"。以智能手机、计算机和互联网等数字媒介为依托的各种数字化新世界，都是它的表现形式。人类使用数字技术所创造的各种超越现实的世界，都属于元宇宙的范畴。尽管元宇宙已经存在了相当长时间，但在新冠肺炎疫情出现之前，更多人还是把时间花在了真实世界中。可以说，正是这些不足100纳米的小小病毒，促成了人类向广阔元宇宙的大举迁徙。

熟悉元宇宙的人很容易适应虚拟世界的文化规则。但从未接触过元宇宙或与元宇宙交集不多的人，突然置身于扩张的虚拟文化中时，会觉得局促难安，疑虑重重。即使未来新冠肺炎的威胁逐步消退，这种"无接触"文化，或者说我们正在经历的整个"无接触"革命，都将在我们的生活中烙下印记。毫无疑问，元宇宙依然会在整个社会中继续扩大，深入并重塑我们的生活、经济与文化。想仅仅生活在现实世界中已经越来越难。尽管元宇宙的深邃与魅力令很多人着迷，但它无法也不应该完全取代真实世界。

只不过从现在起，我们将并行不悖地生活在现实地球与数字地球中。

在这样的背景下，如果仍然有人执意只愿活在真实世界中，那么他终将陷入一片孤岛，甚至无法充分融入未来的现实世界。我们必须要避免这种想法，特别是公司的高管与政策制定者。如果一个领导人对元宇宙置若罔闻，他所带领的组织与个人将会错过新世界本可以提供的成就、快乐与经济效益。15世纪，欧洲各国正是登上航船，才在发现新大陆的征程中完成了国力提升。19世纪，美国与西欧诸国率先意识到机械化社会所蕴含的价值，并凭借这种洞察实现了惊人的发展，GDP（国内生产总值）令他国望尘莫及。21世纪，是元宇宙的时代。各位读者，无论你是谁，我们注定将生活在一个真实世界与元宇宙共存的年代。

对元宇宙避而远之，容易像老鼠一样吗啡成瘾

我们有必要去理解元宇宙这样宏大的概念吗？我们只用视频会议和通信工具解决问题不可以吗？镜像世界也好，虚拟世界也罢，我们真的有必要在元宇宙里与人相处吗？毕竟在现实世界里与人打交道已经够辛苦了。如果你也有这样的疑问，不妨停下来了解一下加拿大西蒙菲莎大学教授布鲁斯·亚历山大（Bruce Alexander）博士所做的"老鼠乐园"实验。

亚历山大博士给老鼠做了一个小乐园，并把老鼠分成两组进

行实验。一组老鼠被放在一个共同环境下生活，另一组老鼠被隔离开分别住进独立的笼子。亚历山大博士将一个混有吗啡（一种强致幻药剂）的糖盒放到老鼠常常经过的通道中，观察哪组老鼠更易沉迷于这种药物。结果非常明显：被隔离开独自生活的那组老鼠表现出更强的吗啡依赖。与这些孤独的老鼠相比，生活在一起的那群老鼠虽然会互相攻击、时有冲突，但都有机会与其他老鼠玩耍、交配，相互陪伴中有苦有乐，最终远离麻痹神经、致瘾致幻的吗啡，它们更满足，更快乐，不需要过度释放痛苦。

人类也是如此。我们需要与人交往，以免像老鼠一样吗啡成瘾，但这并不意味着我们必须身处同一个物理空间。恰恰相反，现实世界中淡薄、低效的人际关系可以在元宇宙中得到丰富。元宇宙不是回避交际或逃离现实的方式，而是一个更容易与人形成互动的地方。新世界的发展、两个世界的交叠，给穿行其间的我们提供了创造新价值的独特机遇。

一个穿行在元宇宙的探索者

我曾在不同的学术领域做过研究。在大学本科期间，我主修的是机器人工程，并自学了游戏开发。在那个还没有互联网的年代，我制作了一款允许多名玩家通过电话联网的方式玩的原始联机游戏，并把它发展成一个生意，每分钟收取一美分的联网费用，再将收益与电话公司分成。这个业务模式非常奏效。当时我只有 24 岁。读研究生时，我研究的是工业工程领域，博士期间进入认知科学领域。之所以研究认知科学，是因为我想了解人的思维，然而随着研究的深入，疑问却更大了。我们来自哪里？我们是谁？我们要去往何处？这不仅是画家保罗·高更1897 年一幅作品的标题，也是我博士期间的核心研究主题，只是我还远未能找到问题的答案。但我觉得，答案既不在过去的20 万年间，也不在数百光年之外的遥远太空，我相信这些终极疑问的答案就在我们自己身上，就在当下。

我研究过人们的情绪感知、人们在不同情绪下的沟通方式，以及人们在沟通中会得到什么，失去什么，这些得失对人们的思想与行为又会产生哪些影响。在这个过程中，我曾诉诸心理学、哲学、教育、计算机工程、工业工程以及游戏化设计等许多领域去寻找答案，虽均无功而返，却发现所有领域都将我指向同一个方向——元宇宙。我们生活在同一个时代，身处同一个地球，可与此同时，我们还生活在自己所选择的不同元宇宙中。我深以为，要想离问题的答案更近一步，单凭现实世界的研究恐怕不够，我们还需要去探究那些形成了数字地球的多重元宇宙。我仍将不断探索。如果你正在读这本书，虽然我不知道是什么促使你拿起它，也不知道你此刻正在做什么、未来有什么样的计划，但我知道就在此时此刻，是元宇宙将你我连接在了一起。我、你、我们所有人必将共同探索元宇宙的奥秘。

一份元宇宙的游览导引

    这本书将带你领略元宇宙的四种形态。首先在第一章，我会介绍元宇宙的诞生背景、它在人类历史上的意义，以及它作为一种沟通方式的价值。你也可以把这一章理解为元宇宙之旅的准备工作。接下来我们将逐个游览元宇宙的四大形态，分别是增强现实（第二章）、生命日志（第三章）、镜像世界（第四章）以及虚拟世界（第五章）。这几部分并非必须按照顺序游览。如果你进入某一章时觉得头晕目眩，可以先绕道去另一种形态的元宇宙看看，然后再返回来。但我真切地希望你能把整个旅程走完。在第六章，我会对韩国不同行业的领军企业应如何看待和使用元宇宙提出建议。即便你的公司没有在第六章的讨论中出现，书中所举的例子也许与你同属一个行业，或许与你的业务模式有相通之处，研究它们我想对你也具有参考价值。不过，元宇宙究竟会通往乌托邦还是"敌托邦"，还是个谜。在第七章中，我阐述了元宇宙中在道德、法律、经济以及心理等层面各种悬而未决的问题。由于目前对元宇宙还缺乏一个强有力的定义，因此如何解决此中问题、应采用何种策略，都有待讨论。第七章中提出一些这样的问题，算是抛砖引玉，供大家深入思考。

    读这本书时，我希望你能够展开想象的翅膀，想象我们的孩子们将如何在元宇宙的新世界中学习与成长，想象我们的企业管理与行业环境将如何在元宇宙中演化，想象我们的国家体系与全球合作架构将在元宇宙中走向何方。像《彷徨少年时》中的少年辛克莱一样，我希望你也能从元宇宙中破壳而出，一飞冲天。

2021 年 2 月 3 日

金相允

第一章

人类向数字星球的迁徙

元宇宙鸿蒙开——全新数字星球的诞生

想象一下，在地铁车厢里，人人都是低头族，埋头看着手机。我们人坐在车厢座位上，全部心思却扑进手机世界中。再想想，在网吧里，五个人坐成一排，和另一个大陆的 100 个人结成联盟，向地球另一端的 100 多人发起"战争"。

还有，假设你还是个小学生，拖着不愿意完成老师布置的暑期日记；大人们把流水账搬到了社交软件上，在网上发布各种生活日常，比如"我今天吃了什么东西""我最近在读哪些书""我遇到了谁""发生了什么好事"。

我们的身体存在于现实世界里的一个真实的地球上，而我们的生活却越加频繁地参与到数字世界、数字地球中。我们本可以在现实世界中与人交流和互动，却为何要走进虚拟世界中生活？人类一直以来都在探寻新世界、结交新邻里，孜孜不倦，上下求索。这些都是生而为人最基本的向往。然而人不可能实现所有的愿望，这是人性使然。在现实世界里，无论我们建了多少高楼大厦、研究出多少新型产品，无论我们走过多远的路、见过多少人，终觉不够圆满。于是我们构建起了一个数字地球，去追寻在现实世界中诸多的求而不可得。

数字地球是一个存在于智能手机、计算机和互联网等数字媒介里的全新世界，我们把它称为"元宇宙"（metaverse）。"元宇宙"是由表示"宇宙"的"universe"与表示"虚拟"或"超越"的前缀词"meta"组合而成。换言之，所谓元宇宙，就是"超越现实的虚拟世界"。由于元宇宙的呈现形式一直在不断演化，所以即便是此时此刻，我们也很难将它抽象到某个固定的概念上。把生活点滴上传到脸书、Instagram[①]或 KakaoStory[②]，注册成为在线社区的活跃用户，或者玩玩网络游戏，这些都是在元宇宙中生活的方式。

美国的技术研究团队 ASF（Acceleration Studies Foundation, 加速研究基金会）将元宇宙分为四大形态，分别是增强现实、生命日志、镜像世界与虚拟世界。这算得上是对"元宇宙"这个概念最简洁明了、行之有效的分类了，因此我在本书中也将基于这四大形态对现在和未来的元宇宙做进一步探讨。

---

① Instagram（照片墙）是脸书公司旗下一款社交应用，可以一种快速、美妙和有趣的方式将用户随时抓拍下的图片进行分享。——译者注
② KakaoStory 是韩国的一款基于图片的移动社交网络应用程序。——译者注

你有没有在一款手机软件中捕捉过精灵宝可梦？有没有用过屏显前窗玻璃（HUD），直接将导航信息投屏到车前窗玻璃上？有没有用手机摄像头扫过书中的二维码，看到影像从书上掠过？如果有，那么你已经体验过什么是增强现实了。

你在 Instagram 中上传过今天的美食照片吗？有没有把最近在读的好书封面分享到脸书？有没有发布过自己正在工作或学习的视频博客（vlog）？恭喜你，你已经在创作生命日志了。

你有没有加入过某个歌星的线上粉丝俱乐部？有没有用过视频会议软件远程上课或开会？是否曾通过外卖软件点餐，或在爱彼迎上订房？如果有，说明你已经体验过镜像世界了。

你玩过网络游戏吗？看过史蒂文·斯皮尔伯格的电影《头号玩家》吗？这些都是虚拟世界的写照。

按照真实世界的标准，元宇宙的价值有多大呢？我们不妨先看看那些掌握或控制着部分元宇宙的公司的总市值。截至 2021 年 1 月，为多家元宇宙的运营公司提供后台网络服务的亚马逊，市值达 1.652 万亿美元，位列世界第三。谷歌——旗下拥有主流视频博客、YouTube 视频网站，市值超过 1.283 万亿美元，是世界第四大最具价值的公司。生命日志领域的龙头老大——脸书，市值已超过 7810 亿美元，位列世界第六。最后来看看腾讯，市值 8620 亿美元，其销售额占比最大的部分（占 35%）来自游戏业务，也就是元宇宙中虚拟世界的一部分。综上，全球八大市值最高的公司中，半数与元宇宙密切相关。即使是像耐克这样乍一看与元宇宙、数字地球毫无关联的公司，自 2006 年起也已经紧锣密鼓地进入元宇宙寻求自己的位置。在过去 5 年里，相比同业其他品牌，耐克的利润获得了大幅增长，市值达到 2190 亿美元，是它的主要竞争对手阿迪达斯的 3 倍。在后面的章节中，我们会再详细解读亚马逊、YouTube、脸书、腾讯与耐克的故事。

这些掌控着元宇宙与数字地球的公司，增长率已经超过了传统的线下制造与分销企业，也就是说，元宇宙正在成为全球经济的中心。正因为如此，如果仍然将元宇宙当作遥远世界里的传说、数字发烧友的臆想，或者觉得它无非是"95 后"年轻人的游乐场，那将会是差之毫厘，谬以千里的误判。

数字世界的地景改造：智人、匠人、游戏人、神人

"地景改造"这个词通常是指对宇宙中的其他星球进行改造，把这些星球的环境打造成适合人类生存、更接近于地球环境的行为。元宇宙，或者说数字地球的开创过程，正如一场地景改造。我们正在创建一个宜居的数字空间，而这个空间此前是陌生而遥远的。让我们从人类学家的角度简单地思考一下这个问题。生活在 21 世纪的现代人类通常被称作"智人"，也就是"会思考的人"。尽管学术界有一些小争议，但大多数学者认为智人最早出现在 7 万到 20 万年以前。一开始，智人祖先一直待在非洲大陆，度过了数万年的漫长岁月，没有什么大的变化。然而到了大约

3万年前的冰川期末期，人类取得了长足的进步。我们开始用石头制作工具，并大量群居。这样的进步源于人类的思考能力。我们怎么做才能更有效地捕猎？我们怎样才能保护族群免受外来的危险？在追寻这些答案的过程中，我们通过我们的认知能力去想象与设计之前不存在的东西，并将思考的结果通过我们称为语言的一种能力表达出来。最终智人成为地球上最具影响力的物种。现代教育的宏观架构其实就是围绕认知能力的开发设计的。我们怎样才能想出好点子？我们怎样才能吸取前人智慧的精华（各种理论、公式、定理等）并基于我们自己的思考加以应用？

19世纪初，伴随着工业革命的发展，一个指代人类的新词——匠人——出现了，意思是"能够制作并使用工具的人"。如果说"智人"的侧重点在于形容人类会想象不存在的事物，并会把这种想象传达给同伴，那么"匠人"的说法则更侧重于描述人类能够将想象转变成看得见摸得着的工具，并通过这些工具以更高效、更低成本的方式，创造出大量的丰富资产。在19世纪以前，GDP的增长水平在非洲、南美洲、北美洲以及欧洲差别并不大。然而自美国与西欧各国开启了一种类匠人的模式，在制造和使用各类产业化工具上发力之时起，这些国家的GDP便迅速增长，增长速度远超其他大洲的各个国家。纵观代表现代文明的各项发明，如电话、电灯、飞机、半导体、互联网、光纤等，无一不是通过这样的过程实现的。如果把整个人类历史——从20万年前智人出现到现在——看作一张一米长的图表，那么我们所使用的大多数工具与技术都应绘制在最后一毫米内。

韩国国家统计局在 2018 年发布过一份有趣的报告。他们问了这样一个问题：人们最喜欢的现代发明是什么？排名第一的答案可能有点儿出人意料，是冰箱。排名第二到第五的分别是互联网、计算机、洗衣机与电视机。我来问一个小问题：如果把排名第二、第三与第五的这几项发明合在一起，你觉得会是什么？

互联网＋计算机＋电视机＝？

事实上，如果我们再往深处想想，问号后面的这个物件甚至可以取代排名第一和第四的冰箱与洗衣机的功能。你大概已经猜到我说的是什么了。它就是现在人人都爱的东西，从不会远离手边，也是奢华衣着之外我们出门时随身携带的最贵重的物品了。没错，我说的就是智能手机。一部 5 英寸屏幕的智能手机的价格已经与不锈钢冰箱和 50 英寸大小的电视机相当了。假如让不同年龄段的人在纸上写下他们身上的东西，除了衣服和鞋子，还要把自己包里的物品也列出来，比如钱包、书本、化妆品、手机。现在做一个实验，要求每个人把这些物品一样一样逐个丢掉。我想除了底裤，手机很有可能是留到最后的一样东西。自从智能手机在 21 世纪初问世以来，我们与它的关联就在不断深化。它已不仅仅是一个电子设备，而是越来越像现代人类身体的一部分。有个词叫"身体意识"，说的是我们能够察觉自己的身体，并能直接操控身体的各部分。显然，智能手机已经进入现代人类"身体意识"的范畴了。学术研究和趣闻逸事都表明，我们总是能察觉出手机在哪儿，一旦手机离手几分钟，便觉得哪里不对劲。

那么，人们会拿这些价格不菲、好像长在身上一样的智能手机做什么呢？我们先来看看处在智能手机世界中心的苹果公司。截至 2020 年 9 月，苹果公司的市值超过 2.378 万亿美元，是全球价值最高的公司。苹果公司每年通过其应用软件商店（App Store）收获天文数字级的销量。人们下载最多的是什么呢？韩国、美国、欧洲以及全球其他市场的数据都说明，在不同国家和地区，这些数据都很相似。在下载量前 20 名的应用软件中，约 70% 是游戏软件，其余 30% 大多是社交软件或视频浏览软件。当然，因为涉及应用内购买，下载排名与苹果应用软件商店的销售额并不是直接成比例的。但显然世界各地的人们都主要用手机来玩游戏、上社交媒体、浏览视频网站。是不是很奇怪？为什么这么贵重的手机被用在了游戏、社交软件与视频网站上，而不是商业等行业呢？这些行为的意义又是什么呢？

是时候引出第三个用来描述现代人类的关键词——"游戏人"了。这个词出自荷兰历史学家与哲学家约翰·赫伊津哈（Johan Huizinga）。它所反映的观点是游戏和娱乐自古以来是人类所有活动与行为的出发点。在早期时代，即手机、计算机、游戏机出现之前，甚至在史前时代，只要人类不忙于捕猎或生存，他们就会玩耍。史前洞穴中的壁画描绘的场景多是人们穿着兽皮跳着舞，做着不知名的游戏。为了避免在游戏中出现冲突，人们发明了规则。人们发现遵循规则才能令游戏中的每个人都乐在其中，因为谁都不会觉得自己受到了不公平的待遇。在游戏中立规矩以求愉悦的做法，成为在一个共同社会中必须建立法律法规的底层逻辑。做游戏要守规矩、重承诺的观念深深扎根在人类文明中，人们开始约定打猎时要互相遵守的原则，以及打猎所获应如何分配。但不同族群对于游戏中角色的分配、什么时候在哪里做什么的约定不尽相同，这些差异成了不同的文化土壤，在历史的进程中逐渐演化成不同的文化，才有了这世界上许许多多形态各异的社会。从本质上来讲，人类与生俱来喜欢游戏，为了玩得尽兴建立了游戏规则，而这些规则则成了公共社会中法律、法规以及文化的根基。

类似的过程在元宇宙的形成过程中也能看得到。在元宇宙的四大形态（增强现实、生命日志、镜像世界、虚拟世界）中，虚拟世界出现得最早，并且在多元性与规模上也是发展最快的。网络游戏不仅是元宇宙的鼻祖，也是虚拟世界的典型代表。热爱游戏的人类——我们"游戏人"，使用计算机、互联网、智能手机等我们最喜欢的工具，开始在网络游戏中乐此不疲，于是网络游戏文化也扩展到包括虚拟世界在内的元宇宙中。

在创建虚拟世界与其他元宇宙形式的过程中，人类也得到了演化。在"游戏人"创造的元宇宙中，人类变成了"神人"(Homo Deus)。"神人"这个概念出自耶路撒冷希伯来大学的历史系教授尤瓦尔·诺亚·赫拉利在 2015 年出版的一本书。"Deus"意为"神"，因此"Homo Deus"可以理解为"想成为神的人"。21世纪是历史上一段独一无二的时期。死于暴食或肥胖的人多于饿死的人，高寿无疾而终的人多过死于患传染性疾病的人（至少新冠肺炎大流行前是这样）。这在智人20万年的历史中从未有过。在最基本的需求与安全均已满足的情况下，人类开始追寻更高层面的价值，即永恒的欢乐与不朽的生命。从宗教角度来看，这属于神的范畴。在真实的地球上，我不敢说人类能否达到这一目标，或者说什么时候能达到，但这些梦想已经一点点地在元宇宙中实现了。元宇宙基于我们给自己设定的世界观、物种、资源与环境条件而运转，由人类创造的人工智能角色与人类在这里共存。不可否认，一片适合神人的乐土已经在元宇宙诞生了。

X世代、Y世代、Z世代 [①]，"三代"同堂，同而不同

X世代，是使用寻呼机与随身听的一代人，有其独特的个人风格；Y世代，是玩着Instagram、信奉"人生苦短，及时行乐"的千禧一代；Z世代，数字一代，自开口讲话起就会举着手机四处搜寻Wi-Fi。这三代人，或算是智人，或算是匠人，或算是游戏人，或算是神人，都共同生活在同一个地球上，却在元宇宙中的数字地球上过着截然不同的生活。

---

① X世代指出生于1965—1980年的人，Y世代指出生于1980—1995年的人，Z世代指出生于1995年后的人。——译者注

韩国人使用社交媒体有多疯狂呢？根据韩国信息社会发展研究所（Korea Information Society Development Institute）2019 年的一份报告，约有一半的韩国人使用至少一项社交软件服务，并且这个比例仍在不断上升。20 多岁的人使用社交软件的比例最高，达 82.3%，接下来依次是 30 多岁人群（73.3%）、40 多岁人群（55.9%）以及 10～19 岁人群（53.8%）。不同年龄段的人群使用的社交软件服务也有很大区别。相比其他年龄段，10～39 岁人群使用率最高的是 Instagram，而更大年龄段的人群更喜欢使用 KakaoStory 或 NAVER BAND[①]。脸书的使用程度与年龄成反比，年龄越大的人使用越少。这一点我在第三章会详细探讨。不过社交媒体确实是元宇宙中生命日志形态下的典型代表。除了生命日志，X 世代、Y 世代、Z 世代在增强现实、镜像世界与虚拟世界这些元宇宙的其他形态中也表现出不同的使用规律，且在各自最常涉猎的形态中，使用趋势也有所不同。我们身处同一个时代，一部分人只生活在现实中的地球上，而另一部分人同时还活在数字地球里。不同世代在数字地球中的居所也存在差异。

我们总误以为我们所结识的人，无论哪一代人，无论是家人、同事，还是在大街上、餐馆里遇到的陌生人，都生活在同一个空

---

① NAVER 是韩国最大的搜索引擎和门户网站，是世界第五大（仅次于谷歌、雅虎、百度和必应）搜索引擎网站。BAND 是 NAVER 旗下的社交产品，主打私密社区分享功能。——译者注

间里、同一个地球上。然而我们真正共同身处的只有现实地球上的物理空间与时间。有多少家人、朋友或同事跟你生活在同一个元宇宙里？"我的孩子总躲着我""有时候真不知道我爱人一天天在想些什么""现在的小孩子怎么都跟外星人似的""新来的员工看上去总是一副人在心不在的样子"……如果你曾经有过这样的困惑，或许你该仔细想想你们是否生活在同一个元宇宙里。

重新学讲话

根据韩国招聘网站 JobKorea 2019 年的一份调查报告，约半数成年人有害怕打电话的经历。这种现象被称为"电话恐惧症"。恐惧症指的是在通常并无危险的情境下能感受到一种本无必要的过度恐惧。换言之，"电话恐惧症"是指人在通过电话实时交流时所感受到的极度恐惧。如果你觉得这种现象只发生在年轻人身上，那你就错了，电话恐惧症在学生中与成年职场人中的比例并无太大差别。接起电话来讲几句到底有什么可怕的呢？乍一听，似乎电话恐惧症是由于人害怕些什么导致的，但深入研究后我们发现，它与两个因素有关，一个是恐惧，一个是偏好。恐惧与一个人在电话沟通中犯过的或可能会犯的错误有关，因为在接听电话时，需要在听对方讲话的同时做出即时回应。这时的恐惧可能包括害怕说了不该说的话、在该拒绝的时候没有当机立断拒绝，或是难以充分表达自己的见解。此外，还有人担心如果没能理解对方的意思会造成麻烦。在很多情况下，错不在听者没能理解，而在于对方没能说清楚。

再来看看偏好。有人不喜欢打电话，是因为有其他更高效的沟通方式，比如发短信、发留言（社交媒体）、发图文表情（社交媒体）、意见征集（即时通信软件）、挑选东西（在外卖软件上点餐）、更新动态（即时通信软件）以及聊天（网络游戏）。举个例子，通过手机点餐需要经过打招呼、提供地址、选择食物、选择支付方式以及确认细节等环节。这些环节繁杂，加重了人们对无法表达清楚诉求或没有理解对方的担心，导致人们更不愿意使用电话。

相反，婴儿潮时期出生的这代人更喜欢使用语音电话。如果你觉得与远距离的人联系时打电话是最得心应手的方式，并且你对人们在元宇宙中的沟通方式并不感兴趣，那么我们即使身处同一个时代，也很难做到充分交流，因为我们所处的元宇宙并不相同。

元宇宙中的交流形式大致可从四个维度来划分。第一个维度概括来讲就是"谁在说，谁在听"，这个维度包括以下四种方式：

- 一对多交流：这种情况指的是一个人讲，其他人听。你可以想象一下一个人对着一群人发表演说，其他人在听的画面。
- 多对多交流：在这种情况下，人人均可参与讨论。人们可以分享自己最原汁原味的观点，也可以按照既定的流程对观点进行处理、总结或精练。这种交流模式常见于聊天室或留言板上的意见征集。当朋友们在我的社交媒体发帖下留言时，我是以一对多的方式发出帖子，而我的朋友们则是以多对多的模式对我进行回应。

- 分组交流：在这种情况下，全部参与者被划分到了不同的小组，每个小组在组内展开交流。比如公司开会的情形，或是酒会上人们自然而然地分别扎堆，各聊各的。

- 一对一交流：在这种情况下，只有两个人对话。这种情况无非是两个人之间发生的一次性交谈。不过如果是一组六个人，每两个人之间进行一次一对一交流，那么总共会有15次（$6 \times 5/2$）一对一交流的机会。

第二个维度依照"是否有人戴着面具交流"来评判，换言之就是这种交流是匿名进行的还是使用了真实身份。在真实世界中，我们的多数交流都是基于真实身份发生的。即便是你在大街上向一个陌生人问路，你也并非完全没有显露身份，因为对方看到了你的脸，听到了你的声音。然而在数字世界里，在元宇宙中，交流更有可能以匿名的方式进行。就算是在因为生活在同一区域或因为共同的爱好而形成的线上社区，人们也常常会采用网名等匿名措施。在游戏中或其他虚拟世界里，极少看到使用真名的人。英国剧作家奥斯卡·王尔德有句著名的话："给他一个面具，他会吐露全部真相。"这体现出元宇宙中匿名交流的意义。当然，匿名交流也有很多负面影响，会导致许多问题。在第七章中我们将更详细地对此进行讨论。

第三个维度是"交流是否实时发生"。在真实地球中，沟通通常都是实时发生的。当然，如前文所述，人们出现电话恐惧症的一个主要原因就是电话沟通的实时属性。在元宇宙中，实时发生的交流比例低于真实世界。哪些功能是人们永远不希望开发出来的？或者反过来问，哪些功能是人们在 KakaoTalk 这样的即时通信工具中离不开的？在一份对大学生的调查报告中，许多人表达了这样的观点，比如"我不喜欢显示上次登录 KakaoTalk 的时间的功能""我不喜欢显示我正在编辑信息的那个功能""我不希望未读消息上显示的数字'1'被取消"。这些诉求都体现出人们对实时交流的某些厌倦。

第四个维度是"我们的信息载体是什么"。这一点适用于语音电话之外的其他沟通方式，包括我们在谈到电话恐惧症时所提及的短信、即时信息、表情包、意见征集、挑选东西、动态更新以及聊天。社交软件提供的表情按钮可以表达各种情绪，比如"喜欢""不喜欢""难过""挺住"等，用准确的符号取代了书面表达。在史前时代，文字语言出现之前，人类通过简单的图画传递彼此的想法。对讲不同语言的人来说，肢体语言是非常重要的沟通方式。可在文字语言时代，说着同一种语言的人反而用符号交流似乎有些奇怪。然而，当你觉得用文字编写信息会有些麻烦，还有可能说不清楚时，表情发送功能可以让我们点一个按钮就轻松地把祝福和鼓励发送出去，收到信息的人还可以接收更多来自四面八方的鼓励与祝贺。在元宇宙中，人们可以使用很多改进交流质量与效率的沟通方式。

登陆数字地球，去元宇宙中遨游吧

读到这里，你有什么感觉？困惑？兴奋？还是好奇？现在做好登陆数字地球的准备，去元宇宙中看看吧。你会收到四张门票。第一张门票会通往增强现实世界，在那里，现实世界披上了奇幻的斗篷，你能体会到轻松便捷。第二张门票通往生命日志的世界，在那里，你的真实形象和生活方式随着你在数字世界里的记录与分享不断丰满。第三张门票会带你进入镜像世界，在那里，真实世界被复刻进数字空间，新的商业模式不断涌现。最后一张门票会带你进入虚拟世界。与其他几种元宇宙形态相比，虚拟世界似乎离现实最遥远，却被认为是未来增长最快的领域。我希望游走在数字地球的四大板块中时，你会乐在其中。你可能会觉得有点儿炫目，但不要害怕，这是初遇激动人心的新事物时人的正常反应。接下来，请尽情享受元宇宙的奇幻旅程吧！

第二章

元宇宙形态之一：
增强现实

真实世界 + 奇幻 + 便捷 = 增强现实

　　增强现实（AR）的概念首次出现是在 20 世纪 90 年代末。将虚拟物体投射到现实空间中的技术就是最早出现的增强现实。一个经典的例子就是几年前的爆款游戏《宝可梦 GO》（*Pokémon Go*）。游戏很简单。打开智能手机中的该款游戏软件，走在大街上，就会在各个地方不时发现一些我们称作"宝可梦"的小妖怪出现在手机实景地图中。游戏目标是要捕捉所有的宝可梦，于是玩家纷纷走上街头小巷，四处寻找稀有品种。数字王国与现实世界在此融为一体。人们第一次在真实世界中碰到虚拟事物时，最强烈的感受往往是惊异。当地球上根本不存在的神奇生物透过手机屏幕叠加出现在实景世界中时，人们总会觉得不可思议。然而游戏并不是增强现实唯一的用武之地。举个例子，你可能收到过朋友寄来的生日贺卡，卡片中央印有一个标识，当你用智能手机中的增强现实软件扫描这个标识的时候，一个三维动画形象会跃然卡片之上，为你送上生日祝福。

我们可以对增强现实做更精细的分类。第一种就是我们前面介绍过的，用户通过智能手机或电脑可以在实景画面中看到叠加其上的虚拟事物，并与之互动。在本章中，我们将以韩国电视剧《阿尔罕布拉宫的回忆》和美国软件开发公司 Niantic 的领地类游戏作为此种类别的案例。第二个增强现实的类别，是在真实空间中放置一些机械装置，用它们来制造通常不会出现在这个空间里的景象，一个典型的例子就是由可口可乐公司策划实施的为新加坡下一场雪的活动。第三个类别，是在真实世界中运用全新的思路、故事或互动规则，让参与者在重新定义的场景里交流与玩乐，例如澳大利亚的艺术系列酒店（Art Series Hotels）发起的"偷走班克斯"活动（酒店鼓励顾客偷画的商业营销活动），以及搬到户外的密室逃脱体验。我们会在本章中详细讨论这些案例。

增强现实世界的体验，仿佛将我们置身于平行宇宙中的另一个地球，只不过这一切都是以我们所熟知的真实世界为基础的。大致来说，增强现实给我们带来了两方面的价值。其一便是奇幻色彩。增强现实为我们平淡无奇的日子注入了天马行空的想象。我们走在大街上可以偶遇和捕捉游戏里的卡通人物，我们的生日贺卡上会出现活灵活现的三维动画形象，我们打开传送门就能主宰熟悉的院落小巷，甚至能在现实生活中过把艺术大盗的瘾。据说人类在玩耍的过程中，体验到的情绪大多与这 20 种情境相关：吸引、挑战、竞争、圆满、掌控、发现、同情、兴奋、狂喜、探索、奇幻、陪伴、艰难、培养、放松、残暴、炫耀、感知、模拟和颠覆。在元宇宙中，我们同样能体验到这 20 种情境。只不过在增强现实领域，由于我们看到的是虚拟与现实的交叠，在现实世界中套用了虚拟的世界观与逻辑，我想多数人主要感受到的就是奇幻色彩。如果你对元宇宙的设计、构造与运营感兴趣，记住这 20 种情境准不会错，因为在设计元宇宙的时候，你不仅需要考虑哪种情境是你希望进入其中的人们能感受到的，还要观察人们实际感受到的是哪种情境。

增强现实给我们带来的另一方面的价值在于轻松便捷。比如，能将导航信息投影到车前窗玻璃的屏显前窗玻璃、电影字幕、音效，以及电视或网页的弹窗信息，这些手段都能帮助我们轻松处理新信息，无须过多占用我们的精力。举个例子，在现实生活中不经意间碰到吓人的场景时，我们其实是不会听到雷声或是看到眼前跳出个骷髅头的。但是在有些卡通片或节目中，这些声光效果常常会用在真实背景中，以增强我们的感观体验。

在本章中我们会继续讨论这些内容。为什么人们会沉醉于增强现实世界？增强现实创造了什么形式的元宇宙？人们在这样的元宇宙中会做些什么？又会感受到什么呢？

只有 0.0005%：愿为懒怠的大脑效劳

我们的大脑不眠不休，承载了很重的负担：它要处理与储存我们感知到的信息、做许多决定、指挥身体动作。我这 66 公斤的身体所做的任何事情，都由我头骨中那团 1.5 公斤的组织说了算，不可谓不神奇啊！人类大脑以每秒 1000 万比特的速度接收五官收集的信息，听起来这个信息量异常之大。但你知道吗，我们仅从皮肤上接收到的信号就相当于每秒 100 万比特。如果对比特这个单位不太熟悉，我们把它换算为汉字。一个 1000 万比特的信号所负载的信息量，相当于 100 万个汉字，这样的信息量非常庞大。不过，由于我们的大脑处理不过来这么多信息，就不管三七二十一把绝大多数信息都丢弃了。事实上我们的大脑仅能处理不超过每秒 50 比特的信息量。照这个标准来看，大脑看上去似乎有些偷懒，提供给它的全部信息中仅留下了 0.0005%，其他的全部扔掉了。但其实这是大脑为了能够持续处理大量信息，不可避免做出的必要取舍。

增强现实的出现，相当于唤醒了怠惰的大脑。如果说我们的五官传来的绝大多数信息总归是要被丢弃的，倒不如把这些信息加以提炼、总结，以更清楚直观的方式呈现给大脑，以增加信息被吸收的概率，避免再被丢弃。为此，增强现实设备在强化信息传递效率的同时，也会为我们在特定情景下营造非常强大的真实感。

真实感，如果我们把它定义为一种情绪，指的就是相信某种东西真实存在或某件事已经发生的感觉。假如你和你的爱人一起制订暑期计划，你想去海边，但你爱人想去爬山。你跟你爱人说："闭上眼睛，想象一下你坐在海边，听着海浪的声音，感受清爽的海风吹过，岂不妙哉？"你觉得你爱人会有反应吗？如果我们像下面这样做呢？让你爱人闭上眼睛，用手机软件为她播放一段海浪的声音，再用扇子扇一缕轻柔的凉风，最后，拿起一捧你事先准备好的沙子，放在你爱人的手中，让她去感受。别的不说，你爱人首先会在情感上被你打动。与此同时，比起上一次干巴巴地告诉她去想象海边的样子，这次她会更有真实感。当然，这不是说视觉、听觉、触觉元素在任何时候都能增强真实感，而是说与单凭想象相比，这些感观更容易调动人发自内心的情感反馈。

智人的退化：无字幕视频的衰落

有一种类型的图像常常出现在有关神经科学的新闻报道与技术报告中：一张半透明的立体大脑照片。比如，一篇标题为《游戏会对儿童的大脑产生什么影响》的文章中配有一张小孩玩耍的照片，照片旁边总会有一个大脑的图像。文章中并没有对这个大脑图像做任何讲解，比如哪个部分是大脑额叶，哪个部分是脑岛，更别提这些部分有什么功能了。它只是一张看起来有点儿像个核桃的图片罢了。

为什么媒体这么喜欢使用这个很常见的大脑图像呢？很简单，为了增加文章的可信度。确实有人做过实验，考察在同一篇文章中加入或去掉简单的大脑图像后读者的反馈，结果读者认为有这张图像的文章内容更可靠。阅读时人们总是先注意到图像，所以读到文本的时候，读者已经在想："这篇文章跟大脑有关系，一定很重要。"显然，图像作为一种手段，能令读者更愿意相信文章的内容，并能够把读者的注意力有效地向某个方面引导。

字幕与表情包已成为各类网络内容的必要元素。事实上，业余人员制作的视频与专业工作室或制作公司出品的视频，最大的区别之一就在于字幕与表情包的合理使用。不带字幕的视频已逐渐落伍。可是话说回来，字幕和表情包带来的完全是积极的影响吗？在我们之前讨论过的例子中，强化你爱人对海边的感官体验只有好处吗？有没有什么负面影响呢？当信息中加入了某些强化效果后，我们对信息的内容与适用性本身的关注就被弱化了。这些有备而来的信息把我们的理解角度与情绪感知导向了内容提供者所希望的方向。换句话说，碰到强化处理后的信息与内容时，我们不知不觉被带到了内容提供者的节奏里，而不是依据自己的认知能力做出判断。

在真实空间或虚拟空间中套用新的故事逻辑与互动规则，采用的也是类似的办法。我们完全沉浸在元宇宙设计者给我们设定的故事与游戏规则中，忽略了这片区域或空间中原本的背景与生活在那里的人。最后，我们很有可能会忘记在那片地方本应有什么样的感受。比如，我们把一个增强现实类型的元宇宙背景设定在图书馆，在这里侦破一起凶杀案或破解一个外来生物的秘密。参与其中的人恐怕无法准确感知这个图书馆本来拥有什么样的独特魅力。

意识到这一点很重要。如果我们不加小心，对接收到的信息不假思索，完全根据内容提供者的意图去理解某个区域或空间，最终损害的有可能是我们人类独有的想象能力。在第一章中，我们知道人类最突出的特征已经从智人的特点，发展到了"匠人"、"游戏人"以及"神人"的特征。如果增强现实类的元宇宙不能被谨慎、合理地加以应用，我们就会落入一个身不由己的世界，在这里内容提供者粉碎了元宇宙中我们作为智人的想象能力。这个世界会告诉你："不要去思考，不要去想不该想的事，你只需要看我想让你看的东西。我会告诉你该看的画面、该听的声音、该感受的情绪，你什么都不用想。我给你什么，你就接受什么。"

这听起来难道不像一个毫无悲悯之心、天下任由其摆布的"神人"所创造的元宇宙吗？

《阿尔罕布拉宫的回忆》：玄彬与朴信惠的元宇宙

《阿尔罕布拉宫的回忆》是韩国有线电视综合娱乐频道（tvN）在 2018 年播出的一部 16 集的连续剧。这部剧未播先火，因为它是首部关于增强现实的电视剧。剧情讲述的是 J-One 投资公司的总裁刘振宇（玄彬饰）因工作原因前往西班牙格拉纳达，入住郑熙珠（朴信惠饰）经营的一家老旅馆（Bonita Hotel）后发生的一系列神奇事件。

剧中 J-One 公司开发了一款基于增强现实技术的隐形眼镜，同时发布了一款名为 *Next* 的全浸入式增强现实类游戏。剧中的人物戴上这款隐形眼镜就能在真实世界中与敌人对战，场景的真实感达到了极致。做个比较，如果给 *Next* 提供的真实感打 100 分，《宝可梦 GO》的真实感最多只能打 10 分。

当然，现实地说，我们距离在现实生活中实现 J-One 公司的增强现实场景还有很长的路要走。全球咨询公司高德纳每年会发布技术热门度曲线报告（Hype Cycle），分析各项技术在未来的发展趋势。据该项报告的最新预测，增强现实技术将在未来 5 ～ 10 年趋于平稳。想让一个三维图像实时呈现在眼前，做到与实景空间完美契合，没有一丝不协调感，目前还很难。按照报告中的预测，增强现实技术在未来 5 ～ 10 年所能实现的功能，远远达不到剧中 J-One 公司隐形眼镜的水平。比如，剧中人物持虚拟长剑与敌人打斗，我们却能看到他们被击中后趔趔趄趄、跌跌撞撞的样子。这些剑在现实中根本不存在，只能通过隐形眼镜看到，是不可能对真人产生实际的物理攻击效果的。

《阿尔罕布拉宫的回忆》中 J-One 公司的这款隐形眼镜，让我想起了 2012 年 8 月出现在 YouTube 网站上的一个视频。那是以色列巴扎雷尔艺术学院（Bezaleal Academy of Arts）的一名学生的毕业作品。视频短片名叫《美瞳》（*Sight Systems*），展示了未来如果基于增强现实技术的隐形眼镜得到普及，我们的日常生活会发生什么样的变化。我强烈建议大家去 YouTube 网站上看看，特别是如果你对增强现实技术或人类的未来很感兴趣，这个视频值得一看。

在视频中，主人公戴着增强现实技术隐形眼镜，在做一项叫作"超人"的运动。主人公面朝下趴在木地板上，四肢要伸展开并稍微向上抬起。这项运动的目的是锻炼核心肌肉群。如果你试一试，就会发现其实挺难的，而且很枯燥。但是有了这个隐形眼镜，主人公看到的画面是他真的像超人一样在飞。相比趴在硬邦邦的木地板上用肚子苦苦支撑，在云层间穿行的感觉可就有趣多了！视频中有一个做饭的场景，我们能看到刀和案板上会显示一些图像，指导人们要切蔬菜的哪个部位、食材应放在煎锅的哪个位置，以及应该如何烹煮。这些图像精巧地标记进主人公的视野中，立体地呈现在他使用的案板、刀具与煎锅上。如果他按照指导图像成功地完成每一步操作，还会得到积分奖励。

视频中的最后一部分值得深思，讲的是主人公在一个饭店约会的情景。约会双方都会完成隐形眼镜中给出的一些任务，来提升自己在对方眼中的吸引力，并且在交谈的过程中，可以不断地参考隐形眼镜给出的建议调整对话。这就是一个比较难以拿捏的地方了。用增强现实技术的隐形眼镜帮我们锻炼身体和做饭是一回事，但能否把这些技术用在与人的情感交流中就值得商榷了。我建议读者朋友自己去 YouTube 网站找这个视频看看，再给出自己的答案。

再说回《阿尔罕布拉宫的回忆》。我觉得这部剧值得称道的一点是，它为我们呈现了未来世界中一个视觉效果惊人、融入体验极佳的增强现实类元宇宙。但此剧也有非常令人失望的一面。在游戏 Next 中，也就是剧中基于增强现实技术的元宇宙中，所有人物在里面只做一件事情，就是打斗。更有甚者，角色在游戏中没有任何理由地跟朝鲜时代的武士打、与恐怖分子打、与部队逃兵打，只是为了得分和获得武器。一个超前的元宇宙，达到了 Next 世界中的技术水准，竟然沦落为一个单纯的打斗游戏，没有交代这个世界的意义、人物关系和这个世界的潜能，这着实有些不应该。剧中没有解释各种人物在元宇宙中是什么时候变成武士的，为什么而战，要去往何处。元宇宙是一个独立的世界，我们可以在其中建立新关系、创造新技术、编织新故事。可是在《阿尔罕布拉宫的回忆》中，元宇宙的潜力并没有得到充分使用，只是变成了类似于 PlayStation[1] 和 Xbox[2] 的另一个游戏平台而已，里面只有人物、武器和战斗。尽管 Next 中的人物会使用剑和枪，但他们的生活与原始人无异，只是为了生存而打得你死我活，没有任何伦理道德、秩序、律法、文化或社会

---

[1] PlayStation 是日本索尼公司开发和发售的一款家用电子游戏机。——译者注

[2] Xbox 是由美国微软公司开发并于 2001 年发售的一款家用电视游戏机。——译者注

体系可言。

《阿尔罕布拉宫的回忆》中 J-One 公司的隐形眼镜和游戏在现实世界中并不存在，YouTube 视频《美瞳》中的技术也还没有实现。不过在下一节中，我们会讨论一个已经实现的增强现实类元宇宙，它非常不可思议，那就是 Niantic 公司推出的领地类游戏。

Niantic 的全球圈地游戏

Niantic 是一家总部位于美国加州旧金山市的 IT（信息技术）公司。起初它是谷歌旗下的一家创业公司，后于 2015 年开始独立经营，《宝可梦 GO》就是这家公司最知名的产品。不过在与任天堂合作推出《宝可梦 GO》之前，Niantic 公司已经开创性地推出了一款增强现实体验游戏，名叫 *Ingress*。

在 *Ingress* 元宇宙中，玩家分为两大阵营，一个是"抵抗军"阵营，一个是"启蒙军"阵营。两大阵营相互角力，尽可能争夺更多土地的控制权。游戏中的玩家被称为"特勤"，可以选择组队或单独行动。游戏通过智能手机中的 GPS（全球定位系统）数据与玩家所在区域的谷歌地图链接。打开游戏之后，如果你带着手机在附近搜寻，就会发现一些被称作"传送门"的位置。当你把手机与某个传送门关联后，你就获得了这个传送门的控制权。如果在地图上能占据三个传送门，就可以占领一块三角区域。*Ingress* 本质上是一个按照土地争抢规则运行的元宇宙。这个游戏不是坐在电脑前进行操作，而是需要在真实的环境中走动，看着手机游戏里的地图，争夺真实活动区域内出现的任何传送门。这有点儿像我们小时候玩的"夺旗"游戏，只不过区域放大到了全球范围。

由于这款游戏需要在真实环境中移动着玩，所以 GPS 定位信息非常重要。如果发现某个特勤为了夺取某块土地违规篡改 GPS 定位信息，这名特勤将被永久封号，不再允许进入游戏。永久封号对于任何虚拟空间的玩家都是非常恐怖的惩罚，因为这意味着你将永远无法回到你所喜欢的这个元宇宙中了。在 *Ingress* 游戏中，人们在真实世界中四处行走，按照他们自己的规则抢占或偷窃领土。因为使用的是真实世界中的空间，我们不得不考虑两个问题。第一个就是特勤有可能在真实世界中相遇。比如，我本来可以抢占到小区附近一家比萨店的传送门，但没过多久，我可能会看到有人举着手机在这家比萨店门前晃悠。这时手机忽然提示本传送门已被别人夺走，我自然会明白过来："这家伙也在玩 *Ingress*，就是他抢了我的传送门。"然后呢？在一些国家确实出现过特勤发生线下真实冲突的情况。虽然游戏发生在增强现实元宇宙中，玩家的真实身份都是隐藏的，但由于玩家是在真实世界中四处移动，匿名身份便不一定能完全得到保护。另外还发生过这样的事情：有些玩家需要去很远的地方夺取领地，就会以此为理由，诱骗异性玩家同乘一辆车，然后发生不轨行为。虽然元宇宙与真实世界不同，但当元宇宙是叠加于真实世界的加强版时，有些本无意制造的冲突便会不可避免地出现在真实世界中。

第二个必须考虑的就是所有权的问题。显然，在真实世界中，无论某块地是私人财产还是公共用地，它在 *Ingress* 游戏中对应的地图上都是属于某个玩家的。这块地被使用在 *Ingress* 元宇宙中时，并没有获得真实权属人的许可。该如何看待这个问题呢？让我们从另一个角度来思考。1967 年联合国颁布了《外层空间条约》，约定任何政府或组织不得对外层空间宣布主权。然而，一个名叫丹尼斯·霍普的美国人却宣布自己从 1980 年起拥有对月球和火星的所有权。他利用了联合国《外层空间条约》的一个漏洞：条约中虽然禁止国家或机构对天体提出主权要求，却没有对个人做出约束。1980 年 11 月，丹尼斯·霍普向加州的旧金山县法院提交申请，宣称自己拥有月球的主权。许多人嘲笑他简直是异想天开，但令人大跌眼镜的是，这份申请得到了法律认可，月球成了丹尼斯·霍普的个人财产。随后霍普成立了一家名为"月球使馆"的公司，开始出售月球土地，半个橄榄球场大小的地块标价 20 美元左右。

截至今日，月球使馆的销售额已超过 1 亿美元。购买月球土地的不乏政界名人与各路明星。不过由于多次被告上法庭，霍普想在其他国家做这个生意的想法屡次受阻。

这个故事引出了另一个问题：谁能在元宇宙中对基于真实世

界的事物宣布主权呢？用于运行 *Ingress* 游戏的软件、服务器和知识产权毫无疑问属于 Niantic 公司，但是否就可以说整个 *Ingress* 元宇宙也归 Niantic 公司所有呢？到目前为止，针对这个问题还没有出现大规模的争议，但此类法律冲突的出现只是时间早晚的问题。其实类似的事件出现过。有一家公司设计的增强现实元宇宙是叠加在一片特定区域的，长久以来这片区域主要由独栋住宅构成。当这片元宇宙覆盖其上时，这里的居民一天天不自在起来，因为很多想体验元宇宙的外来人员频繁造访，造成了大量的夜间橄榄球活动与噪声污染。于是这里的住户集体向这个元宇宙的运营公司发起抗议。随着增强现实元宇宙的增加，这样的纷争只会更加频繁地出现。

可口可乐的瞬移术：为新加坡下一场雪

在《阿尔罕布拉宫的回忆》和 Niantic 公司的 *Ingress* 游戏中，元宇宙需要通过隐形眼镜或智能手机软件来显示原本不存在的东西。有没有可能采用某种方式，在真实世界中的某个地方直接创造原本不属于那里的事物呢？让我们来看一个可口可乐的故事。2014 年，可口可乐公司策划了一场吸睛无数的宣传活动，旨在将世界各地的人连接起来。在这个项目中，可口可乐选择了芬兰人和新加坡人。

新加坡的日平均气温在 30℃左右，就算有冬季也非常短暂，而且冬季气候相对温暖。为了改变当地人的体验，可口可乐公司设计了一款叫作"冬季仙境"的新机器，打算为新加坡送上一个白色圣诞节作为礼物。于是两台像巨型鼓风机一样的机器被制造了出来，一台安装在芬兰拉普兰的圣诞老人村，另一台安置在新加坡的来福士广场。两台机器上都装有许多摄像头和一块巨大的显示屏。当有人靠近芬兰的机器时，这个画面会实时出现在新加坡的显示屏上。同样地，新加坡的视频画面也会实时传输到芬兰的机器上。

到目前为止，这个装置的原理似乎与在街边开一个视频会议没什么两样，只不过是个巨幕 Zoom 会议而已。但接下来就是奇迹发生的时刻了。在芬兰圣诞老人村那一端的机器底部有一个斜槽，可以装满雪，斜槽旁边放了一把大铁锹。你觉得如果路过的人往槽里铲一锹雪会发生什么呢？在新加坡这一端，机器顶部安装了一个可以吹雪的造雪机。那个往芬兰的机器斜槽中填了一锹雪的人，与新加坡这端首次看到雪花落下的人完全互不相识，但他们共同拥有的是一段多么奇妙的体验啊！世界的另一端有人为我铲了一锹雪，这厢雪花就同时落在了我的头上。还有比这更浪漫的梦幻体验吗？最有意思的地方在于这不是通过键盘、鼠标或智能手机呈现的幻境，而是使用真实的铁锹和造雪机传输了一场真正的雪。

在这个意义上，可口可乐送给我们的礼物，是这个世界上第一个能移形换位的装置。在科幻电影中，传送器会把一个物体的原子或分子信息转换成数据，通过网络传输到遥远的地方，然后在接收点像 3D 打印一样把实物还原。这是一种极其依赖科学与工程学的想象，是一种虚构。但可口可乐创造的元宇宙把芬兰与新加坡连通，实现移形换位所运用的都是当今时代相对简单的技术手段。科学与工程学是构建元宇宙的重要因素，但可口可乐的元宇宙也提醒我们，科学与工程学并不是元宇宙的全部。如果人文情怀与人文感知的触觉不再敏锐，如果因缘际会、惊鸿一瞥的种种初见被遗忘，那么元宇宙也不过是一个技术秀场而已。

偷盗大赛：酒店爆火的秘密

接下来，我想介绍一个浸入式体验感无与伦比的增强现实案例，它的真实感堪比《阿尔罕布拉宫的回忆》中的元宇宙。这个引人注目的元宇宙是由位于澳大利亚墨尔本的高端连锁酒店——艺术系列酒店创造的。这家连锁品牌位于不同地方的单体酒店拥有各自的独立主题，但共同特点是都陈列有著名艺术家的作品。

夏季是艺术系列酒店的淡季。为了增加这段时间上千间房的入住率，这家连锁品牌在自己的酒店范围内开创了一套颠覆三观的游戏规则。实施和运作这套规则的成本在 8 万美元左右。酒店集团计划使用班克斯的作品来策划一场活动。班克斯是一位匿名的英国街头涂鸦大师，自 20 世纪 90 年代以来一直很活跃，他的艺术作品充满了对社会与政治的讽刺，装点过大大小小许多城市的桥梁、街道与建筑物的围墙。为了这次活动，艺术系列酒店以 15000 美元的价格购得班克斯一幅名为《禁止玩球》（*No Ball Games*）的作品，并在其中一家酒店展出。接下来就是脑洞大开的时刻。酒店贴出一则广告，邀请酒店的住客来偷这件作品。规则很简单，不得使用枪、刀或任何暴力形式制造威胁，但如果哪位住客能通过其他任意方式把这幅画偷走，这幅画就归他所有。这可是千载难逢的机会，可免费获得价值 15000 美元的名画啊！当然，还有另外一条规则：想来偷画，先来入住。

这个活动通过社交媒体，披着神秘的面纱对外公布了。盗窃目标自然不易获取，不过酒店给这些跃跃欲试的"大盗"提供了一些暗示。在活动期间，班克斯的这幅作品会在不同的艺术系列酒店间转移，但具体在哪个酒店中展出却没有透露。许多人，包括不少名人都前来一试。酒店在获得住客同意的情况下，把他们鬼鬼祟祟试图盗画的监控录像发布在社交媒体上。被监控捕捉到的人也会很开心地把这件事分享到自己的社交媒体账号中。这个活动不仅在澳大利亚的媒体中被报道，还吸引了许多国际媒体，包括美国有线电视新闻网（CNN）与《洛杉矶时报》。

班克斯的画结局怎么样了呢？这幅画被两名女士成功地盗走了，这两个人叫梅根·阿内和毛拉·陶西。她们并没有运用什么复杂的高科技或军事战术。相反，她们听说这幅画很快要从布莱克曼艺术系列酒店转移到奥尔森艺术系列酒店，于是便扮作奥尔森酒店的工作人员前去要画，假装要把它带到奥尔森酒店去。布莱克曼酒店的工作人员信以为真，就把画交给了她们。这时，"偷走班克斯"的活动仅仅进行了四天。此后，酒店又购入一幅新作，把它作为偷盗目标开始了新一轮的比赛。梅根·阿内与毛拉·陶西成功盗走班克斯名画的事情在社交媒体上疯传，彻底带火了后续的活动。

艺术系列酒店的这个创意活动获得了克里奥互动媒体广告铜奖与戛纳公关金狮奖。酒店最初投入 8 万美元，希望获得 1000 间房的订单。这个目标达成了吗？最终这家连锁酒店的全部 1500 间房被迅速预订一空，公司获利达到了最初投入的 3 倍，活动在社交媒体上被转发 700 多万次。毫无疑问，艺术系列酒店创造了一个合法盗窃的元宇宙，"偷走班克斯"的活动大获全胜。

犯罪心理学中有这样一个说法，"坏蛋不过是干了好人想做而不敢做的事"。我们在小说与电影中看到过很多游刃有余的文雅大盗巧妙地偷走艺术品的故事。当然，这些偷盗都是犯罪行为。但人们仍然时不时会陷入幻想，好奇偷走一件贵重的物品究竟是什么样的感觉，这甚至不是为了钱，只是为了刺激。艺术系列酒店创造的这个元宇宙正是调动了人们的这种冲动。在一个偷东西不会被惩罚的世界里，供偷盗的不是仿品，而是昂贵的艺术品真迹，现实与虚幻巧妙地交织在了一起。

"偷走班克斯"的活动给我们以启迪。首先，增强现实不见得一定需要很高的技术手段，比如智能隐形眼镜、手机软件等，重要的是如何能在现实的基础之上叠加一些元素，来强化人们的感官、体验与思想，或者把这些感受传递到另一个地方。"偷走班克斯"使用社交媒体来发布活动信息、提供线索，但后续的所有活动都是在真实环境下实际发生的。当然，假如能运用某些数字技术，这个元宇宙可能会变得更为广阔，容纳更多人参与其中。其次，"偷走班克斯"活动让我们看到，增强现实元宇宙无须遵循现实世界的规则与制度。我们可以建立一个在打破原有世界的规则后仍然可以人人受益的元宇宙。当然，元宇宙中的任何活动都不可以对现实世界造成危害。

花钱把自己关起来：Z 世代与密室逃脱

听过密室逃脱吗？这个概念最早是由一家名叫 SCRAP 的日本公司在 2007 年前后提出的，最初传到了欧洲和美国，然后在新加坡落脚，随即风靡整个亚洲。

尽管每家密室逃脱公司在运作上有些许差别，但基本概念是相似的。玩家支付 25 ～ 50 美元，被获准进入某个特定主题的密室，比如木乃伊墓穴或被遗弃的宇宙飞船等。玩家可以单独或组队参加游戏。一旦进入密室，工作人员会锁上房间，游戏就开始了。玩家在房中到处搜寻线索，通过解密来打开各种机械锁或电子锁，然后进入下一个房间或下一阶段游戏。如果玩家能在规定时间内打开所有的锁到达指定地点，就算取得胜利。

我曾经为一个公司的员工做过一个活动，帮助这些员工体验

Z 世代的文化，而 Z 世代恰恰是密室逃脱游戏的主要目标用户。这些员工三人或四人为一组，各自挑战一个密室。他们大多数人并不知道有这样一种娱乐形式存在，参与者大致会出现以下两种反应。第一种，游戏参与者非常享受与同伴合作解决挑战的过程，就算最后没有取得胜利也没关系。另一种，玩家虽然明知这是人为搭建的环境，却从被锁进密室时起就陷入了恐慌，没有办法解开谜题，很早就开始求助。第二种反应让我想起了有的人在头戴式 VR（虚拟现实）设备首次出现时，愿意戴上一试，但当视野中成群结队的僵尸围拢过来之时会吓得把 VR 设备扔到地上。

韩国的很多电视节目采用的都是密室逃脱的形式。韩国有线电视综合娱乐频道一档叫作《问题的男人》的节目中有过一期"密室逃生特别节目"；韩国文化广播公司（MBC）的综艺节目《我的小电视》、韩国有线收费电视台（JTBC）的真人秀节目《认识的哥哥》中都出现过密室逃脱游戏。韩国有线电视综合娱乐频道的《大逃脱》就是基于一个大型的密室逃生游戏而制作的，自 2018年 7 月第一季上线以来，已经播出三季了。

如果把密室逃脱搬到更广阔的元宇宙中，仅凭现实生活中的道具很难做到。不过近年来已经有一些公司在研究如何把密室从大型楼宇中的狭小空间里搬出去，设计成为户外的大型秘境。韩国的"玩转世界"项目 (www.playthe.world) 提供的就是这样的活动。

如果使用智能手机登录这个网站，你会发现有一些游戏不受地域或空间限制。还有一些户外逃脱游戏，需要进入特殊的区域，结合这些真实空间内的线索完成解密。2020 年 9 月以来，"玩转世界"免费提供的户外逃脱游戏包括贞洞的《回到贞洞第二部》、光化门的《金经理的项目》、首尔路的《第二次》，以及弘益大学的《最后一名读者》。

仅凭书中的几句解释很难准确理解密室逃脱游戏中发生了什么，特别是户外秘境逃脱的游戏机制。建议你花一点儿时间与朋友和家人直接登录"玩转世界"网站亲自试一试。有时候你到达目标位置时，可能会遇到其他通过手机进入"玩转世界"网站的玩家正沿街一路走下去，试图去解某些谜题。尽管他们与我们在同一片物理空间里，享受的却是来自"玩转世界"的满足。那是另一个元宇宙：密室逃脱元宇宙。

你还可以试一试需要付费订阅的元宇宙服务。随着订阅盒服务在不同产品范围内的兴起，包括按月配送茶叶、书本或游戏等各种物品，元宇宙体验的订阅服务也借势而起。"凶犯抓捕"（Hunt a Killer）就是一个以订阅盒形式提供解密类元宇宙服务的公司。订阅者每月付费 30 美元，就可以在"凶犯抓捕"元宇宙中成为一名侦探，进入这个虚构的侦探世界去破解悬案。注册完成后，你可以在主页上选择想侦破的案子，随后会有订阅盒邮寄到家，里面装有与破案有关的各种线索物品。

当排除一些嫌疑人后把结果反馈给"凶犯抓捕"公司，你就会收到另一个盒子。这个过程会不断重复，直到最后成功抓到罪犯。破一个案通常需要 6 个月。这项服务让我们得以过上一把像夏洛克·福尔摩斯一样的侦探瘾，圆了许多人或多或少曾经有过的侦探梦。

"凶犯抓捕"的商业模式与市场评估尤其值得关注。2019 年《快公司》(*Fast Company*) 杂志把"凶犯抓捕"评为第十大具颠覆性的娱乐公司，这家公司在《企业》(*INC*)[①] 杂志 2020 年度增长最快的公司榜单上排名第六。如果你也在经营一家初创公司，或许可以参考这家公司持续获得收入的业务模式，思考一下是否可以通过订阅经济的概念，以相对较小的前期投入为客户提供元宇宙服务。

用增强现实再造一个全新的我：Snow 与 Zepeto

有一种手机应用软件几乎所有一二十岁的年轻人都会安装，那就是滤镜相机类软件，例如 Snow 相机、Soda 相机、Facetune 相机、无他相机等。许多研究发现，年青一代觉得"加滤镜后的模样就是他们真正的模样"，而且大家对此都心照不宣。这些相机软件不但可以改变眼睛、鼻子的大小，把下颌收窄，还

---

① 《企业》是一本总部位于美国纽约的杂志，着重报道发展比较迅速的公司，每年都会评选出美国 500 家发展最为迅猛的私人企业，称为"企业 500"(Inc. 500)。此后，在"企业 500"排名的基础上，又推出"企业 5000"(Inc. 5000)，在美国有一定的认知度。——译者注

能调整肤色，甚至可以模拟化妆后的效果。换句话说，这些软件让人摇身一变，从原来的真实模样变成想象中的完美形象。

Zepeto 软件是由 Snow 美颜软件的开发商 SNOW 公司打造的一款新产品。Zepeto 有点儿像 21 世纪初一款名叫《第二人生》（*Second Life*）的虚拟世界游戏，它提供了一个平台，把增强现实世界与生命日志和虚拟世界的应用相结合。我在本书后面的部分会更详细地介绍生命日志与虚拟世界这两种元宇宙的形态，不过简单来说，你可以把生命日志理解为使用社交媒体，把虚拟世界理解为智能手机或计算机所创造的三维世界。

最开始，Zepeto 是 SNOW 公司的一个项目组，2020 年 3 月独立出来，成立了 Naver Z 公司。Zepeto 综合了很多功能，主要有四大类。第一，Zepeto 将增强现实与 3D 技术相结合，提供了强大的虚拟形象功能。一个虚拟形象就是在网络世界里代表你的一个人物替身形象。在 Zepeto 中，用户以自己的样貌为基础生成自己的 3D 形象，然后通过这个形象参与社交媒体活动，在虚拟世界中与其他用户结伴出去玩耍、聊天或玩游戏。Zepeto 允许用户使用新的化妆技术提升或美化自己的 3D 形象，也可以炫耀自己获得了哪些最新潮的发型或时尚元素。

第二，Zepeto 提供了一个交易平台。使用这个软件中的工作室功能，用户可以制作出各种全新的服装搭配与单品，然后选择自己使用或是卖给其他用户来获得收益。

第三，Zepeto 支持各种各样的社交媒体功能。用户可以有自己的社交媒体主页，把自己的 3D 形象作为这里的主人公。每个主页都可以像一个房间一样进行装点。壁纸、地板、装饰品都可以重新设计或布置，以体现用户的独特个性。在拍照功能里，用户可以到处挪动自己的人物形象，按自己的喜好拍照，并像在 Instagram 上一样与其他用户分享这些照片。

第四，用户可以创造各种游戏与活动场所，供自己的 3D 形象享用。虽然社交媒体中的沟通属性通常是"一对多"的非同步方式，但这样的游戏与活动场所提供了更多元的体验，多名用户可以在这里一对一或三五成群地实时交谈。有了这个功能，很多用户大展身手，在这里创建了各种各样的活动空间，有舒适的咖啡厅、密室逃脱游戏馆、钓鱼场地和地铁站，不一而足。用户用他们自己的方式，在这些空间里交谈与玩乐。

Zepeto 软件于 2018 年 8 月上线，至 2020 年 8 月已经累计获得了 1.8 亿订阅用户。其中 90% 不是韩国用户，约 80% 的用户年龄为 10 ~ 19 岁。这款软件正在成长为一个面向全球青少年的网络平台，帮助他们对网络世界形成基本的认识。Zepeto 上保有 9 亿多份由用户创作的内容，在扩大全球的知识产权收入方面，Zepeto 也采取了非常积极的战略。

2020 年 10 月，韩国的 Big Hit 娱乐公司（"防弹少年团"组合所属的唱片公司）与韩国 YG 娱乐有限公司（Blackpink 女团的经纪公司）向 Zepeto 投资了 1000 万美元。这些韩国流行音乐大品牌已推出一个战略计划，允许旗下艺人的知识产权在

Zepeto 中以各种形式被使用。非常耐人寻味的一点是，这些在真实世界中具有巨大影响力的艺人会选择 Zepeto 作为切入点，开始向元宇宙发力。

把真实的样子藏起来，借用一个理想化的替身去与人沟通、展现自我，是否有些奇怪呢？我们不妨这样来看问题。人们在卫生间洗完手后，总会习惯性地归拢归拢头发、整理整理衣服、补补妆。这些动作都是为了呈现出自己的最佳状态，让自己看起来更加容光焕发，但我们不会觉得这样做有什么奇怪。Zepeto 所做的，不过是把我们的这种需求延伸到了一个奇幻的世界里。只要人们并不是彻底放弃自己在真实世界中的形象（比如既不洗澡也不梳头），一味沉迷于在 Zepeto 中打造自己幻想中的模样，享受 Zepeto 服务带来的乐趣，便没有什么不妥，把它看作是新出现的一个基于奇幻感受的元宇宙就好了。

增强现实助力智能工厂：空客与宝马

"智能工厂"指的是一种面向未来的生产制造设施，能在生产过程中通过应用多种信息通信技术手段达到提高生产效率的目的。如今，增强现实已经在改变许多制造厂商的生产环境，智能工厂正在成为现实。

在运用了增强现实技术的工厂中，工人通过叠加在真实物体上的图像获取完成工作所需要的各种信息。回想一下 YouTube

网站上《美瞳》视频中做饭的那段：不懂做饭的人也可以准确了解什么时间该切什么、什么步骤该煮什么。在智能工厂中，增强现实的作用与此类似。叠加的图像可以让工人轻松获取各种重要信息，比如零件说明、库存水平、总装配图、工厂操作进程、计划完成时间（生产从开始到结束的时间）等。这些信息可以大大降低工作中的错误，有效减少生产中断，进而缩短生产时间，提升产品质量，同时有效防范各类事故风险，不断提高安全生产水平。

以工业机械设备制造厂为例。比如完成一个产品的制造，需要几名工人按照装配计划合作完成 2000 个部件的有序组装。在传统的生产线上，工人需要在生产过程中查看记录在各类文档中的操作内容。但是有了增强现实技术，生产过程中每一步操作所需要的零部件与示意图都会通过工人的头戴式设备自动显示。再举个例子。飞机的制造装配过程非常复杂，仅培养生产线上的工程师就需要投入几年的时间。然而把增强现实技术引入装配流程中后，工程师可以实时查询多种零部件的信息，同时明确这些零部件的组装位置与装配方法。有一个关于增强现实运用于战斗机生产的案例研究，结果表明其生产精度与生产率分别提升了 96% 与 30%。事实上，空客公司已经在把一种叫作 MiRA 的增强现实系统运用到在造机型的制造过程中，以 3D 形式为工程师提供生产所需的全部必要信息。通过 MiRA 系统，空客将支架检查所需的时间从三个星期减少到三天。波音公司也把增强现实技术应用到了波音747-8的线束装配过程中，结果装配所需工时降低了25%，出错率为0。

同样的方法还可以用在已发货产品的维护与修理上。头戴式设备或平板电脑可以精准地告诉现场工人哪个部分需要进行维修，清楚明了地展示修理某个部位需要采用什么方式、用到哪些零部件。这种技术还可以帮助工作人员远程解决问题，工程师无须亲临需要维修的产品或零部件所在的地方。当客户遇到设备故障时，维修工人全程无须离开家或办公室，就可以通过增强现实技术远程定位问题并提供解决方案，就好像亲自到现场一样。

增强现实还广泛应用于各种生产技术的现场培训。工人不必亲自到工厂，就可以身临其境进行场景化操作的训练，这使得工人的专注程度大大增强，留任率也得到改善。宝马公司也把增强现实用在了制造工程师的培训中。在没有引入增强现实之前，每名训练有素的教员只能一对一地培养一名工程师。但现在利用增强现实技术，每一员教员可以同时培训三名工程师，而且学习效果和受训人员的满意度与之前的方式相比都差不多，但培训成本却大大降低。捷豹路虎公司也与博世合作，使用了一套基于增强现实的培训系统。有了这套系统，学习汽车仪表盘的修理技术时，工程师无须实际拆卸仪表盘就可以对修理它的过程了如指掌，在培训成本降低的同时，整个流程得到精简。

通过在改进安全生产、缩短工时、优化产品质量、降低培训成本等方面实现的一系列好处，增强现实正在改变生产制造的前沿环境。在不远的将来，制造工人很有可能足不出户，就可以通过元宇宙舒舒服服地在自己家或办公室完成全部生产过程的操作。

元宇宙的未来与阴暗面故事一：迷情眼镜

接下来介绍的这个增强现实元宇宙叫作"迷情眼镜"。这个元宇宙还没有实际出现过，其实是来自我写的一个小故事。在第三、四和五章我都会带来几个关于元宇宙的小故事。

在读下面的故事时，我希望你能展开"智人"的想象力，想想增强现实元宇宙会带来什么样的问题，你希望增强现实元宇宙是什么样的，以及未来还会出现什么样的全新元宇宙。

"迷情眼镜"

"您看，我们这里有三种服务套餐。那个是'奇幻套餐'，就是您刚才在网上查看过的；这边这个是'名人套餐'。"

成哲和敏珠睁圆了双眼盯着面前的全息影像目录。在影像中，成哲的脸经过店员的扫描后被换成了另一张脸，看起来像个角色扮演游戏中的男主角；旁边敏珠的脸在 360 度旋转，只不过换成了日本动漫里女主角的模样。

"二位来得可太是时候了，我们的促销活动明天就结束了。现在正在推新，好多用户都订购了我们的产品。如果二位也购买10G的产品，就可以免费使用一年的AR眼镜、应用软件与人物形象。不过我必须说明一下，我们的合同期是三年……"

"所以您的意思是说，我戴上这些AR眼镜之后，看到的我太太就是这个动漫形象吗？"

"是的先生，就像您在全息影像中看到的，都是完美的幻象，但您绝对看不出来差别。一般情况下睡觉前把眼镜摘下来就可以，不过不摘也没有问题。一般在床上……咳，反正总之呢，您记得一次佩戴的时间最好不要超过20个小时。摘掉眼镜后，一定要把它们放在这个消毒灯下。"

"不好意思，您之前说我们可以试戴一下的对吗？我现在可以戴上眼镜看看成哲的样子吗？"

"当然没问题。不过您刚才在全息影像中看的是'奇幻套餐'中的形象，试戴的时候，我们用'名人套餐'吧。让我们来选选……感觉您最喜欢的影星是金宇宙，我们来试试这个吧。"

店员在平板电脑中录入了些信息，补充说道："'奇幻套餐'是三年期的合同，含一年免费，不过因为金宇宙是'名人套餐'中的形象，如果您选择这个的话，需要每月额外支付5万韩元的授权使用费。好了，请您试试吧。"

敏珠接过眼镜，每只眼睛戴了一个。一道蓝光在她的眼前一闪。

"现在，请您看看您先生吧。"

敏珠转过头望向成哲：眼前的成哲简直就是大明星金宇宙本

人！她惊呆了，站起来围着成哲打量了好几圈。无论从哪个角度看，他都是金宇宙的模样，完美无瑕。

店员咯咯笑了起来："大家的反应都跟您一样。"

成哲看着敏珠嘴角逐渐堆起的笑意，眼皮不自觉地轻轻一颤。

"您刚才说有三种套餐，除了'奇幻套餐'和'名人套餐'，另外一种是什么呢？"

"哦，对，是这样的。其实这是个秘密，我只告诉熟人。不过老板说你们是校友，所以我就对您知无不言了。您也知道，我们'名人套餐'中的人物形象都是这些名人给我们授权使用的，所以会收一些使用许可费。但是呢，还有很多顶级明星并没有给我们这个授权。不过从技术角度来讲，这并不难实现，特别是一线明星，他们的3D扫描数据非常多。所以尽管没有拿到正式授权，我们也是可以增加一些顶级明星的形象的。"

"我明白了，那……我说的那位女演员呢？"

"我们来看看。哦，是她，她的数据很多。没有问题，我们可以把她加入套餐中。但您千万别告诉别人您是从我们店拿到这个形象的，否则我们可就惹上大麻烦了。"

不一会儿，成哲也戴上了眼镜，向敏珠看去。敏珠，准确地来说，是那位女演员的脸，正笑盈盈地望着他。

"怎么样，我们接下来就把合同签了吧？"

成哲和敏珠摘下眼镜，余光偷偷掠过对方，一时竟不知该说些什么。问了一些服务条款上的问题，耽搁了一小会儿，两个人便踏出了店门。

后来，店员又给他们打了电话："我们的活动就到明天，希望您再考虑考虑。"

那天晚上，成哲躺在床上的时候，手机上的信息提示音响起。

"是我，今天我们在店里见过。我就是想告诉您，如果您二位不想一起签合同，我们可以单独跟您签，您太太完全不需要知道。我们的促销活动现在还有效。"

不一会儿，一条信息也出现在敏珠的手机上。

"是我，今天我们在店里见过。我就是想告诉您，如果您二位不想一起签合同，我们可以单独跟您签，您先生完全不需要知道。我们的促销活动现在还有效。"

金相允

2020 年 6 月 7 日

第三章

元宇宙形态之二：
生命日志

真实的我 − 不愿为外人道的我 + 理想中的我 = 生命日志

　　生命日志指的是人们把与生活相关的种种体验和信息加以记录、保存，有时还会进行分享的一种行为。我们常用的社交媒体都属于这种元宇宙，比如脸书、Instagram、推特、KakaoStory等。人们在这里的活动大致有两种。一种是随手记录自己在学习、工作以及日常生活中方方面面各种细碎的时刻，通过文字、图片与视频的形式存放在网上。人们有时候凭自己的记忆，有时候通过手机摄像头或其他穿戴式设备收集素材，把生活记录成册。另一种活动是去浏览别人的生活日志，为他们留言，说说自己的看法，发发表情，表达一下自己的感受，或者把对方的日志链接到自己的账号中，便于日后翻阅或转载。

　　生命日志这种方式其实由来已久，甚至在 21 世纪之前就已经存在了，只不过当时我们对它的叫法与记载媒介不同而已。在现实世界中，类似我们学生时代所写的那种日记，就是最基本的一种生命日志形式。这种形式可以追溯到几个世纪以前，最有名的例子当属 17 世纪英国的塞缪尔·佩皮斯（Samuel Pepys）笔耕不辍流传后世的日记集。离我们再近一点儿的，有美国一位名叫罗伯特·希尔兹的英语老师，他从 1972 年到 1999 年，每隔 5 分钟记一篇日记，整整记了 25 年。他的日记总计约 3700 万字，相当于 400 本书的体量，这应该算是人们所创造的最长的一本生命日志了。不过像这样每 5 分钟记录一篇日志，料想他几乎不可能对内容进行编辑。还有通过另一种方式进行记录的例子。1996 年，詹妮弗·林利创建了一个网站，名叫"詹妮镜头"。她在自己的大学宿舍里装了一个网络摄像头，每 15 秒会自动拍照并上传到自己的网站。这件事一直持续到 2003 年。

到 21 世纪，人们会记录生活的哪些方面呢？社交媒体上常见到的分享内容不外乎个人想法、参与的活动、好物推荐、趣闻分享、日志转载（比如其他人上传到社交媒体上的东西）、个人感悟和计划安排等。以我的经验来看，我个人的社交媒体账号上关注的人所发的内容基本不出其二。像前文提到的罗伯特·希尔兹与詹妮弗·林利这样对平淡无奇的每时每刻都连续进行记录的方式非常少见。多数人记录、保存与分享出来的，都是愿意让人们看到的事情。这个过程有点儿像电视剪辑。人们远远做不到把真实的自己与生活毫不修饰地坦诚示人，而是习惯于删掉不希望被别人看到的片段，就算是保留的那部分也要做一点儿调整，并没有原封不动地上传。社交媒体上的生命日志 30% 以上是以图片形式记录的，这就是为什么电视广告中的智能手机都在强调自己的拍照与美化图片功能有多强大、操作有多简单。为了便于人们拍照上传分享，如今的智能手机都配置了多个高清摄像头。可以说，正是由于人们可以隐藏不愿示人的部分，还能把自己希望呈现的样子加以美化，生命日志才得以在人群中广受欢迎。

元宇宙的交友之道：是生命的伴侣，还是同行的旅伴

截至 2019 年，每天有 15.6 亿人登录脸书。这个数据比上一年增加了 8%，并且毫无疑问仍将继续增加。这就意味着全球约有 1/5 的人每天都在使用脸书。2019 年脸书的销售额达到 707 亿美元，比 2018 年增加了 27%。更令人惊异的是它的净收益，在 2019 年增长了 26%（达到 185 亿美元）。而在同年，现代汽车的净收益为 28 亿美元；全球销量最高的车企丰田汽车，净收益为 225 亿美元。用车企来做对比非常应景。在现实世界中，人们乘坐汽车去与别人见面；在生命日志元宇宙中，人们经由 Wi-Fi 在脸书和其他社交媒体网络上与人见面。把脸书的经营利润与汽车生产企业做个比较，就可以看出生命日志元宇宙的规模之大。

社交媒体是生命日志的主阵地，在这里你会与什么样的人建立联系呢？想必在你长长的好友列表中，既有私人朋友，也有公

众红人；有些在现实中曾经相识，有些素未谋面，有些与你志趣相投，有些只算泛泛之交。社交媒体的好友推荐算法是这样的：如果一个人是你好友清单中某个人的好友，特别是如果此人常常通过留言、点赞、发送表情包等方式与你的好友频繁互动，平台就会把此人推荐给你。这样一来，社交媒体总会把一群比较相似的人连接起来。

这个趋势会有自我强化的效果。比如，在社交媒体上，你什么时候会取消对一个人的关注？是对方说了一些让你不痛快的话时，或是当你发现总在鸡同鸭讲时，还是当对方的言论触怒了你，让你终于意识到思想的鸿沟难以逾越，心生苦闷之时？就这样，我们会在生命日志的元宇宙中慢慢地将自己置身于同一类人中。

我想问大家一个问题。已婚人士可以想想你的爱人，未婚人士可以想想你的恋人或好朋友，你觉得应该把你的爱人或好友当作生命的伴侣还是同行的旅伴？有一个大型实验显示，在一段关系中，把对方看作同行者要比看作生命伴侣更容易获得快乐。这个结果出乎意料吗？把对方视作生命伴侣的人会希望对方在所有大事小情上都能与自己一样。如果发现双方步调哪里不一致，他们要么会改变自己试图去迎合对方，要么会要求对方做出改变。但江山易改，本性难移，改变一个人谈何容易？相反，把对方视作旅程中的同路人时，人们更容易理解虽然两个人会相伴走过很长的路程，但在此过程中每个人都会看到不同的风景，有不一样的心境。所以，他们不会费什么力气去改变对方，也不想去改变对方，他们愿意接受对方原本的样子。我在讲到社交媒体的时候提起这个实验是有原因的：我希望我的读者朋友能够把他们在生命日志元宇宙中结识的朋友当作旅行中的同路人，去分享与支持对方在这个世界中对各自生活的描摹与刻画。这是在这个元宇宙中更容易获得快乐的相处之道。

元宇宙中的斯金纳箱：受伤大脑的避难所

我们已经知道，罗伯特·希尔兹每5分钟记一篇日记，勤勤恳恳坚持了25年。不过料想他这么做的目的与我们在社交媒体中对生活进行记录与分享的目的并不相同。我想希尔兹先生的本意并不是要把自己的生活分享给谁看，而是想通过详细的记录把生活碎片保存下来，日后随时翻开日记，都可以像坐上时光穿梭机一样回到过去。

如果是这样，我们在社交媒体中记录与分享又是为了什么？为自己的生活留下一些印记是一个方面，但鉴于社交媒体的基本目的就是与他人构建联系，似乎我们使用社交媒体主要是为了在得意时得到别人的认可与祝贺，在失意时得到别人的安慰与鼓励。当我们在网上发布一张照片或一条信息时，我们会兴致勃勃地等待别人给予反馈，这是人类的奖励期待机制在作祟。我们在社交媒体上发布信息后，就在期待别人给出反应，与此同时大脑会分泌一种多巴胺。当有人做出反馈时，大脑还会额外释放一些内啡肽，让我们感到快乐。不过有一点需要注意：上传、期待、得到反馈、感受快乐，这是一个死循环。因为人类的这套奖励期待机制永远没有满足的尽头，它不会在某个时点突然告诉你："够了，就到这儿吧！"人类啊，本性使然，永远不会满足的。所以，我们会不断地发布更多的帖子，期待更多的反馈。换句话说，人类的不知足才是我们周而复始地不断更帖、不断期待的原动力。脸书、推特、KakaoStory，哪个社交媒体上不是如此呢？只要人类的这套奖励期待机制没有发生实质改变，我相信在生命日志元宇宙中，社交媒体这块阵地就会一直繁荣下去。

人性中还有一个特点需要考虑，那就是享乐适应。我们第一次使用社交媒体时，即使只加了 10 个好友，收获了 5 个赞或 3 条评论，也会感到兴奋。但是过一段时间后，我们不再满足于这一点点甜头或刺激，而是想要更多。因此，如果社交媒体这种生命日志元宇宙想要继续发展，就需要提供更多的奖赏，用更大的刺激去克服享乐适应所抹平的精神满足。

人们会为别人在社交媒体上给自己回应、与自己互动感到欢喜，对此你会觉得奇怪吗？是否有点儿像小孩子渴望得到大人的表扬？像不像遇到一点儿小事就无病呻吟的人寻求安慰？如果你有过这种想法，就算只是转念一想，我也希望你来听一点儿有关赞美与安慰的机制。1998 年，斯坦福大学行为设计实验室的福格教授做了一个非常有趣的实验。他的研究团队招募了一些人参与完成一些小任务。每完成一项任务，参与者就会得到称赞。然而给予称赞的不是一个人，而是一台电脑。你觉得参与者会对电脑的赞美做何反应呢？有意思的是，参与者明知他们得到的称赞不过是电脑自动发出的信息，但他们在完成任务的时候，依然会表现得更好。那么，你觉得如果人们收到的赞美不是来自电脑，而是来自一个人，特别是社交媒体中一个与自己有关系的人，会是什么情况呢？毫无疑问，这比电脑给句赞美要令人兴奋多了。

如果你还是觉得人们从社交媒体中获得赞许时感到开心是件不可思议的事，我再给你讲一个故事。美国凯斯西储大学（Case Western Reserve University）的罗伊·鲍迈斯特（Roy Baumeister）教授做过一个有趣的实验，研究人们"使用"自控力之后的效果。鲍迈斯特教授是一位心理学家，主要研究人的意志力、自控力与自由意志。他把参与实验的人分成了两组，并让每组都在 6 分钟的时间内观看一些节目。A 组看节目时不要求做任何自我控制，而 B 组看节目时被要求不能笑，微笑、大笑都不可以。看完节目后，两组一起做一个握力测试。结果 A 组的握力比 B 组平均高出 20%。在另一个实验中，参与者需要完成一个比较困难的任务，与此同时，有些人需要克制吃巧克力或曲奇的冲动，有些人则不做要求。结果，不允许吃零食的参与者更早放弃了挑战。

这些实验说明什么呢？它们告诉我们，人在需要付出忍耐的情况下会受到什么样的影响，比如需要努力做到耐心、克制与实施自我控制时。由此看来，我们没有必要花太多精力压抑我们为一件好事求赞许或为一件坏事求安慰的天性。当然，不为外物所动，不寄情于人，能自得喜乐，内心安宁，这是一种尤为重要的能力。然而，生活在 21 世纪，我们没有一天不是在喧嚣中度过。或许相比忍耐与自制，我们真正需要的恐怕是如潮的赞美与慰藉。

人在觉得工作压力大时，往往会找根烟来抽，或是吃点高糖的零食。为什么呢？因为压力已经把人们的自制力降到零了，人们戒烟或控制饮食的决心会在某个瞬间统统消失。我们选择一支烟或一块糖带来的即时快乐，放弃了戒瘾或节食所能给予的长效回馈。同理，在完成一个艰难的项目或是考验之后，人们总会放纵一把，彻夜大吃大喝。从这个意义上来讲，如果社交媒体元宇宙中给予的短期回馈能够起到一些替代抽烟、暴饮暴食或酗酒的作用，哪怕只是一点点，它也不算是一无是处了。

大脑加速：提速 40%

元宇宙中的大多数内容与平台都依赖于数字技术，但是在数字世界中，我们大脑的运作方式与在真实世界中略有不同。大脑通过纸媒或平板电脑阅读同一篇文章时，反应也不一样。在一个脑电图测验中，我们发现阅读纸面文本时，脑电波呈现一种更松弛的状态，而读数字格式的文本时，脑电波显得更为兴奋。换句话讲，我们在数字元宇宙中时，大脑更加清醒。可是，大脑呈现更加清醒与活跃的状态一定是好事吗？有件事是确定的：在数字元宇宙中，我们的大脑接收信息与做出判断所需的时间比在真实世界中缩短了 40% 左右。

这种快速处理既有好的一面，也有让人不太舒服的一面。当我发布一条生活记录时，我在元宇宙中的好友很快会读到，也能很快给我反馈；同样地，我也能快速看到朋友发布的状态，并做出即时响应。我们一抬手就可以满足彼此对反馈的期待，小小地给对方注入一剂多巴胺。不过，你是否曾在看到朋友的状态更新后只匆匆留下一句评论，留待以后对其进行编辑？有没有被你朋友一下子点来的一串"赞"吓了一跳，但仔细看过后发现 10 个"赞"给的都是你上周发布过的信息，至于内容是什么恐怕你的朋友都未必仔细看过。当我们进入数字地球，进入元宇宙中时，一定要非常警惕，浏览别人的信息时不要太快，以免遗漏关键内容。一目十行可能非常高效，但会降低大脑对所见信息的处理能力。我们阅读与判断的速度可能确实加快了 40%，但并不是因为大脑比以前运转得更快。

傻蚂蚁的协作世界

人们在生命日志元宇宙中所发布的内容事实上就是对生活的记录。有的人在发布内容之前会仔细雕琢一番，但大多数人只是随便处理一下就贴出只言片语。第一次进入生命日志元宇宙中的人，看到这样的发帖时可能不免会疑惑："关注这些人对我能有什么益处呢？要我说，社交媒体简直是浪费生命。"但如果你在社交媒体账号中关注的好友是全球企业家或知名学者，你还会这么想吗？我确信你一定不会。这是不是说明在生命日志元宇宙中，那些既不是大企业家，也不是学术大咖的朋友就毫无意义呢？或者说在你真实世界的朋友圈中，那些既非社会名流也非公众人物的朋友也一样无足轻重呢？

我们不妨先来看看广岛大学的数学家西森拓（Hiraku Nishimori）教授所做的研究。他从概率与统计学的角度，对很多化学、生物学与社会学现象做过分析，并发表过150多篇论文。其中一项研究中的实验是有关一个蚁群被迫从一个地方转移到另一个地方时的表现。可以想象，让一个数量庞大的族群整体向同一个方向迁移，难度非常大。有些蚂蚁会很好地跟随头领，有些蚂蚁可能会偏离路线，还有些蚂蚁会掉头回原路。这正是西森拓教授好奇的地方。他比较了两组蚂蚁，一组里面有一些找不到路的蚂蚁，另一组都是步调一致的蚂蚁，然后观察哪组蚂蚁能更快地到达目的地。意想不到的是，竟然是前者。当然，这个结果是经过多次重复实验后所取的平均结果。但观察这些结果的意义是什么？那些傻乎乎的路痴蚂蚁能给它们的团体带来什么好处呢？

事实证明，这些傻乎乎的蚂蚁经常会偏离大部队跑向另一个方向。一开始你可能会觉得这些迷路的蚂蚁没有什么用，但有时候它们兜兜转转反而找到了捷径，甚至能发现更好的目的地。套用在人类身上，这个看似离题万里的故事可能会引导我们思考一些从未想象过的结论。从长远来看，这些有时会偏离路线的傻蚂蚁也可能成为族群中的有用之才。

在生命日志中，有时候你可能会觉得别人发布的内容，或是在你发帖下的留言，有点儿像一只傻蚂蚁的行为。反过来，可能也有人是这么看待你的发帖和留言的。这并没有什么关系。在生命日志元宇宙中，我们时不时地也需要做做别人的那只傻蚂蚁。只有这样，从长远来看，所有人才能在元宇宙中共同成长。

如果你仍然觉得傻蚂蚁的想法不值一听，也不屑与他们对话，我再讲一件事。飞机驾驶舱里会配备一名机长和一名副驾驶员。因为长距离飞行全程很难只凭一名飞行员完成，所以需要机长与副驾驶员轮流操控。在通常情况下，一名副驾驶员需要4～10年的时间才能晋升为机长，也就是说，机长的飞行经验比副驾驶员要多出许多年。那么你觉得飞机由机长操纵时还是由副驾驶员操纵时出事故的概率比较大？你一定想不到，答案是机长。尽管机长的飞行经验更加丰富，但他们造成的事故多于副驾驶员。为什么会这样呢？其实原因很简单。在真实世界中，我们经常会发现，想要把你的想法讲给年长的人、比你经验丰富的人或是资历比你深的人，会非常困难。在这种传统下，当机长操控飞机时，未必能听得进去副驾驶员的建议。

在飞行模拟舱中的实验结果更令人咋舌。在某些情况下，当机长在模拟着陆时出现不当操作时，有四分之一的副驾驶员甚至没有试着从机长手中接管飞机。1999 年 12 月 22 日韩国货运机 8509 号的坠毁，原因如出一辙。飞机从伦敦的斯坦斯特德机场起飞前往米兰，在起飞后不到一分钟就坠毁在一片树林里。当时飞机由机长操纵，副驾驶员发现了问题的迹象，但机长忽略了副驾驶员的提醒。如果情况做个颠倒结果会是什么样呢？由副驾驶员进行操作，机长从旁指导，会极大地降低副驾驶员出现事故的概率。在机长的眼里，副驾驶员相比而言可能只是一只没什么经验的小蚂蚁，但正如蚂蚁们会互相听从对方的意见，机长也应该认真听取副驾驶员的建议。

类似的情况还出现在教室中。学校中是由老师来传道授业，但是不是意味着学生在学习过程中没有起到作用呢？我们来比较两种学习方式。第一种，所有的内容讲解全部由老师来完成。第二种，老师先讲一遍内容，再由学生们互相讲解，学生如果碰到不理解的地方，需要向其他同学求助。很多研究都对比过这两种学习方式，发现第二种方式效果更好。这并不意味着老师把知识进行系统性梳理的指导方法有什么问题，而是说当一个熟悉的朋友在某些内容中融入了自己的理解，再用他自己的方式讲给我听时，我获得了更深刻的理解，尽管朋友的知识体系不如老师完整。

为了验证这一点，新西兰大学的研究人员莫利纳与阿莱格雷找了 376 名 10 岁以上的中小学生做了一项实验，研究他们的数学学习。结果显示，通过伙伴们之间相互学习、相互指导的方式，学习效果高出了 13.4%。这个效果在接下来的研究中体现得更为明显。假如学生只听了一遍老师的讲解，但没有完全理解，需要寻求帮助，研究人员对两种学习方式的效果做了对比。一组由老师讲解第二遍，另一组由已经理解了这个知识点的同学进行讲解。结果显示，虽然这名同学不了解这些内容的重要性，但由他给出第二次讲解的效果却更好。

如果我们的目的只是简单地把真实世界中的人际关系与沟通形式整体搬迁到元宇宙中，那么元宇宙对我们来讲又有什么意义呢？我希望你在元宇宙中能广泛结识形形色色的"蚂蚁"，并能真诚倾听你的"副驾驶员"的想法。

一个小宝两个样：21 世纪的假面人生

英语中有个词叫"persona"，即"人格形象"的意思。这个词来源于拉丁语，原意是"表演中所戴的面具"。这个词也是英语中"人"与"人格"在语义学上的词源。从社会学的角度来讲，人格形象就是一个人对所处的某个群体或社会所展现出来的形象。每个人在独处时、与家人在一起时，以及与社会上的其他人相处时，表现出的状态都有些不同。心理学家卡尔·荣格认为人格形象是一种个人与社会博弈后的折中。也就是说，你本来是什么样的人和社会期待你是什么样的人，两者之间有一个人物形象设定空间。你认为真实世界中的自己与你在社交媒体这种生命日志元宇宙中所表现出的自己一样吗，还是反差很大？

每年有一两次，我会在我们学校做一个两小时的讲座，主题为"忧虑演唱会"，来听讲座的约有 300 名学生。在第一年做这个主题讲座时，我做了 10 分钟的开场介绍，之后的时间打算留给学生提问，让他们说出自己的忧虑所在。在我的设想中，这个讲座的形式应该像电视访谈类节目一样，由知名人士或宗教领袖站在舞台上进行问答互动。

你猜我的讲座进行得怎么样？那么多学生中，没有一个人愿意开口。最后，我只好拿我从学生邮件中经常看到的一些共性问题来完成讲座。

不过我吸取了教训。第二次做这个讲座时，我在舞台的正前方立了一块大屏幕，在上面开放了一个 KakaoTalk 聊天室，邀请学生加入。我告诉同学们不必使用真名，可以通过昵称讲述自己的困惑。同时我也意识到，如果没有什么话想说的同学坐在那里什么都不需要做，旁边想通过手机打字的同学就会很尴尬。于是我要求每名同学都拿起手机浏览 5 分钟社交媒体。你猜猜那一次我得到了多少个提问？

这个讲座我做了好几次，一般都会在短时间内收集到四五十条提问。把每个问题都拿出来讲一讲，两个小时的时间都会感觉稍纵即逝。

今年我通过 YouTube 直播的形式做了这个讲座，不过方法类似，学生们还是用昵称通过聊天提出自己的疑惑，我来一一回应。但相比学生们都坐在同一间大讲堂里向聊天室提问，你认为让学生们各自从不同的地方向 YouTube 直播间发问，结果会有什么不同呢？答案是参与活动的学生更加活跃了。当我对某一个疑惑做解答时，其他学生会发表自己的看法，或者接着原来的问题进一步追问。与在大讲堂里不同，在直播间里，学生们还会发许多搞笑的点评。在我 10 年的教授生涯中，我觉得每年在大讲堂中接触到的学生整体特点并无太大的差异，但是我在大讲堂聊天室中见到的学生与在 YouTube 直播间中感受到的学生却天差地别。YouTube 中的学生心态更开放、更直接，似乎也更幽默。

在现代社会中，人们同时生活在真实世界与多重元宇宙中，会以不同的人格形象示人。人们在家中、工作场合、匿名的社交媒体，以及网络游戏中表现出不同的性格特点并不稀奇。有人担心过多的人格形象会妨碍一个人独特品质的形成，因为一个人在不同的场合、不同的元宇宙中倾向于以哪一面示人总不大一样。人们担心这会导致决定我们是谁的根本身份发生崩塌与退化。更极端一些的人甚至对这种不同场合下一人千面的做法提出批评，认为这是数字世界中的多重人格障碍（现在又称"分离性身份障碍"），但实际上这个现象与多重人格障碍完全不一样。多重人格障碍的病人会在不同的情境下表现出不同的性格特点。他们的问题在于一种人格下的行为和记忆通常与另一重人格并不相通，在某些人格下出现极端暴力倾向的情况也较为常见。而在不同的元宇宙中，展现不同形象的自己，或者凸显或掩饰自己的一部分性格特征，并不是精神疾病的指征，反而是不同元宇宙中自己所呈现的不同侧面才组成了一个"真正的我"。一起坐在大讲堂时腼腆的"我"，在开放聊天室中推心置腹的"我"，在YouTube直播间中给素昧平生、忧心忡忡的学生送去安慰的"我"，这些共同构成了一个真实的我。

元宇宙中没有遗世独立

在元宇宙中，除非一个人决意要独来独往，否则想在这里孑然一身几乎不可能。与现实世界相比，人们在元宇宙中更容易对别人表现出友善的一面。这是为什么呢？

我们来看一个真实世界中的例子。酒吧与咖啡馆常常会把光线调得比较暗。人们在朦胧中与别人见面时，不太容易读懂对方的面部表情，因此往往会降低心理防备。在昏暗中，我们倾向于以更正面的心态去解读对方的反应，因此也更容易向对方敞开心扉。这就是我们所说的"背光效应"。在社交媒体元宇宙中，也存在这样的"背光效应"。我们用作头像的照片一般会是自己的笑脸或是天朗气清的风景，人们发给我们的通常也是阳光积极的表情。因此，在社交媒体元宇宙中，我们倾向于正向解读对方向我们展示的情绪。由于在元宇宙中人人都是如此，想在其中独来独往非常困难，因为这里更容易让人卸下防备、善意相待。

　　在社交媒体中已经相识很久的人，在现实世界中第一次见面会有什么感觉呢？其实与你在任何地方结交的老友见面并没有什么两样，就像见到现实世界中多次见面的朋友一样。促成这种感受有两个原因。首先，因为这是你在普遍存在背光效应的元宇宙中结识的朋友，所以来到现实世界中，你们也不会觉得有距离感。其次，这是由频繁露面导致的亲密错觉。悉尼大学的马歇尔教授做过一个实验，考察人们对照片的偏好。实验人员提前准备了一些照片，拿出其中一些让参与者看了很久，然后实验人员把参与者看过的照片与其他陌生的照片混在一起，随机摆放，让参与者再来看。结果显示，参与实验的人对于之前预先看过的照片明显表现出更大的偏爱。心理学家罗伯特·扎荣茨（Robert Zajonc）也做过类似的实验。他向一些完全不懂中文的美国大学生多次重复地展示一些汉字，然后把这些汉字与他们没见过的其他汉字混在一起后再一起展示给他们，并让学生们猜这些汉字分别是什么意思。结果，学生对之前见过的汉字都给出了更为正面的猜测。

　　在社交媒体元宇宙中，我们会一遍遍地快速浏览其他人的照片、姓名与文字。就算我们不仔细看，这些图像也会随着我们每一次的翻阅与点击不断地出现在眼前。于是就像马歇尔与扎荣茨先生所做的实验一样，我们无意识间就逐渐对对方产生了积极的印象。对于"背光效应"与"曝光效应"下人们初次见面就会感到亲切的现象，你有什么想法？降低人与人之间的情感防备自有其益处，但不要忘记我们在元宇宙中了解到的某个人格形象很可能与他在真实世界中的形象不一样。

个人生活的大秀场：可以逃过学校作业，但从不落下一条视频博客

视频博客是一个把博客与生活日志综合在一起的概念，通过视频形式记录日常生活，并分享在 YouTube、Instagram、抖音或脸书等社交媒体上。1993 年，英国广播公司（BBC）播出了一个节目叫《影像国家》（*Video Nation*），展示了观众自己拍摄的日常生活，这大概可以说是最早出现的视频博客了。视频博客在 2015 年前后才算真正进入大众的视野中。随着互联网带宽大幅提速，加之手机视频拍摄技术不断进步，拍摄高清视频不再需要单独使用摄像机，视频博客文化便开始以燎原之势全面铺开。

日常生活类的视频内容增长很快，很多都是一些平淡无奇的场合，放在过去你可能都会奇怪"这有什么可看的"，比如有的记录工作场所，有的记录在图书馆学习 5 个小时的过程，有的是在饭店吃饭，有的是关于假期生活。2019 年，在 YouTube 上搜索别人视频博客的用户数量比 2018 年增长了 20 倍以上。年龄在 15 ～ 64 岁的人中约有 45% 通过视频记录自己的日常生活，

其中很大一部分年轻人，特别是二三十岁的年轻人会把这些视频上传到社交媒体。

哈佛大学的杰森·米切尔（Jason Mitchell）教授做过一个实验，研究人们在交流的时候喜欢聊些什么。比如，他准备了以下三种类型的问题：

1. 个人问题："你喜欢哪种类型的音乐？"

2. 关于他人的问题："你觉得金教授喜欢哪种类型的音乐？"

3. 知识型问题："你觉得今年下载量最大的单曲是什么？"

在这个实验中，受试者可以选择自己想回答的问题。参与实验可以获得一些奖赏，不过奖赏的多少取决于受试者选择回答哪种类型的问题。尽管选择个人类的问题获得的奖赏最少，但这类问题依然是人们选择最多的。为什么会这样呢？在工作中，我们谈论最多的就是客户，讨论的是竞争对手与行业资讯。在学校，我们讨论的是历史事实与各种学术理论。虽然在现代社会中，人人都可以发表或分享自己的很多见解，但真正能聊一聊自己的机会却少得可怜。我们希望谈谈自己，可能这才是满载着个人故事的视频博客元宇宙蓬勃兴起的原因吧。

随着视频博客拍摄的时间与空间不断扩大，许多问题也由此产生。第一，当我们在公共空间拍摄视频时，尽管视频对准的是博主本人，但背景中的路人也会被镜头捕捉。这其实构成了对路人肖像权的侵犯，导致别人的私人生活在其不知情或未被同意的情况下，被无意间记录下来并分享出去。

第二，在有关工作的视频博客中，如果工作活动被视频记录下来，有可能造成商业机密外泄。此外，员工在工作场所的工作时间是带薪时间，如果在此期间拍摄视频，还把视频上传到自己的个人社交媒体账号中，他们实际上是在利用工作时间谋求个人利益。

第三，有可能出现侵犯他人的自由与财产权的相关问题。拍摄视频博客不是为了公众利益而进行的公共活动，但是有时候，视频博主会在图书馆、餐馆等公共场所占用一大片区域用于自己的拍摄，从而影响到其他人的正常通行。

第四，如果一个人通过社交媒体发布视频博客赚取了收入，有可能会违反副业开展的相关禁令。一位名叫李贤智的小学老师在 YouTube 上开设了一个名叫"Dalzi"[①]的账号。她上传了一段在教室中进行饶舌表演的视频后，获得了"饶舌教师"的美誉。这个视频的观看次数达到了 300 多万次。李贤智不是唯一发布网络视频的教师，却是最走红的老师之一，于是她成了众矢之的。有人在韩国青瓦台的线上请愿系统中提出请愿，呼吁惩罚通过 YouTube 赚外快的教师，因为他们违反了禁止第二份工作的规定。尽管这位李老师透露自己并未从视频中赚取一分钱，却仍然难逃各种指责，称她开展第二份工作本就不合规。在最初的责难浪潮退去之后，韩国教育部出台了《关于在岗教师同时开展

----

① YouTube 上该频道的韩语名为"달지"。——译者注

YouTube 活动的指导意见》，转而开始引导舆论鼓励 YouTube 上的教育活动。不过从视频中获得广告收益的老师仍然需要获得许可才可以开展第二份工作。

对于非公职人员，比如私营企业中的员工，不同企业的指导方针也是不同的。有些公司把运作视频博客视作私自开展兼职的行为，对此有严格的管控；但也有像爱茉莉太平洋集团、LG 电子集团这样的公司并不太干涉员工制作视频博客的活动。事实上，劳动法中并没有禁止员工通过视频博客赚外快的相关规定，至少在韩国没有。只要没有出现连带问题，比如因为录制视频博客耽误了主要工作或泄露公司的商业机密等，公司反对这种行为并无法律依据。

最后，我们在看待视频博客的普及带来的影响时，还需要注意与伦理道德、公序良俗相关的问题。有一个事件说的是一个男孩因为在祖父的葬礼上拍摄了一段视频博客，结果被家人追着狠狠责骂。这个男孩称他只是想拍一段视频，为他与祖父在一起的最后一天留下一点儿记录，自己珍藏。但他没有意识到录这样的视频会被视作对往生者的不敬。这件事情被媒体报道之后，许多人留言说在葬礼上录视频"越线"了。这就引出了另一个问题，人们心中的那条"线"到底应该画在哪里？甚至这条线未来会移到哪里？我斗胆做个猜测，我相信未来人们拍摄与分享的视频博客内容会比今天更多元，场合会更多样化。

我们为什么这么迫切地想要搜寻别人的生活日志并留言呢？第

一个原因是我们希望获得信息。在我梦想中的公司里，人们是怎么工作的？我梦想中的大学生活是什么样的？我们对这些事情充满好奇。

第二个原因是为了获得感同身受的满足感。有些事情我们很感兴趣，也很想去做，但很难直接去尝试，所以看到别人做到时我们会有一种满足感，就好像自己身临其境了一样。

第三个原因与沟通和共鸣有关。我们不喜欢孤独感，希望与别人建立情感上的关联。实际上，一个人的孤独感与是否喜欢观看视频博客之间有很大的相关性。一项调查显示，视频博客的观众中有 48.6% 表示自己曾感到非常孤独，只有 40.4% 的人表示从未有过这种感觉。换句话说，孤独感更强的人更容易对别人的视频博客感兴趣。

我们在生命日志元宇宙中记录生活中的小细节。当有人在我之前发布的内容下留言时，其实我也多阅读了一次那条记录，进一步强化了自己对当时那个场景、那件事的记忆。当我给别人的日志留言时，也同样帮他巩固了他的记录与记忆。我相信能够记忆与回顾过往是一个非常重要的过程。但与此同时，我也担心生命日志可能已经越界进入了忘却的地盘。德国哲学家弗里德里希·尼采曾经说过，对需要创造性的人来说，忘却比回忆更重要。尼采认为忘却是一种能够主动、积极地将人的意识暂时进行压制的能力。忘却，就是要短暂地将意识清空成一张白纸，然后去创造超脱原有境界的新事物。与此相反，在忘却与主动清除记忆的路上，视频博客似乎把我们拖往了反方向。它将我们置于一种境地，即让我们无休止地记录与回顾自己的生活，并用他人的日常生活填满我们意识中的全部空隙。得到想要的信息、获得感同身受的体验、建立共鸣与沟通，这些都能够抚慰我们的心灵，但万万不可忘记尼采曾给出的启示：为记忆留白同样重要。

脸书与 YouTube 的兴盛，赛我网的没落

如今谈到社交媒体，首先跃入你脑海的是什么呢？是 Naver 博客、Daum① 博客、脸书、Instagram、Tumblr②、BAND③、Bingle、领英、推特、KakaoStory，还是抖音？因为文化、年龄、偏好不同，人们的答案可能五花八门。

那么，雅虎地球村 ④、theGlobe⑤、Tripod⑥ 呢？恐怕更是鲜为人知了。这些都是在 20 世纪 90 年代中期出现的社交网络服务。在此之后出现过很多其他社交媒体渠道，包括 1997 年的六度网（Six Degrees）、2000 年的 Makeoutclub.com、2002 年的 Hub Culture 网站，以及 2003 年的聚友网（Myspace），

---

① Daum 是韩国最大的门户网站之一，于 1995 年 2 月成立。——译者注
② Tumblr（汤博乐）成立于 2007 年，是目前全球最大的轻博客网站，也是轻博客网站的始祖。Tumblr 是一种介于传统博客和微博之间的媒体形态。——译者注
③ BAND 是一款韩国群组社交手机应用。——译者注
④ 雅虎地球村 (GeoCities) 是一个创立于 1994 年的网页寄存服务公司。——译者注
⑤ theGlobe.com 是最早的在线社交网站之一，创立于 20 世纪 90 年代。——译者注
⑥ Tripod 是 20 世纪 90 年代用于帮助用户创建网站的服务平台。——译者注

同样也已淡出人们的记忆。这些社交媒体服务的一个共同点就是它们都需要通过电脑和有线网络进行连接，而不是通过智能手机或 Wi-Fi 接入。

赛我网（Cyworld）是 1999 年在韩国诞生的。尽管一开始赛我网并不是很流行，但 2002 年 Freechal（一个门户网站与网络社区）开始对部分服务收费的时候，许多用户转而来到赛我网平台。赛我网的主要服务是"微主页"，它也是社交媒体的一种形式。"微主页"类似于个人主页，不过它的优势在于更易于装饰与管理。在赛我网，有一种叫作"橡果"的电子代币，用户可以购买橡果并通过橡果交易来装点自己在元宇宙中的人物形象与微主页，比如购买微主页的皮肤（背景图像）、背景音乐、字体等。大多数这样的元素都有有效期，后续若要使用就必须继续购买。然而，自 2010 年脸书进入韩国并开始风靡以来，赛我网的用户数量就急剧下滑，服务也就此关闭。

为什么脸书能高歌猛进，赛我网却黯然离场？有几方面的原因。第一个原因是接入方式的便捷性不同。赛我网是典型的需要通过电脑接入的网站。然而随着 2007 年苹果智能手机的出现，许多韩国人越来越习惯于通过手机快速进入社交媒体，每次登录时不再需要先打开电脑。而脸书提供的正是非常便捷的手机接入操作，在这项功能的实现上，赛我网没能迅速跟上脚步。

第二个原因是用户操作的便捷性。赛我网的菜单结构比此前的互联网主页已经简洁多了，但脸书提供了更简单、更直观的菜单。与脸书相比，赛我网用户界面上集成的功能众多，操作起来更为复杂。

第三个原因是平台的属性不同。赛我网的用户只能使用"橡果"购买赛我网内部提供的物品，也就是说，赛我网由两部分组成：公司本身与它的客户。而脸书不同，它允许其他像 Von 测试这样的外部应用软件接入，自然地融入脸书平台的生态环境中。

此外，脸书还向许多公司打开大门，将用户的脸书账号与其他公司提供的服务相链接。这样一来，用户可以通过脸书账号舒舒服服地登录与使用各种各样的外部网站与应用软件。在脸书平台上，用户不仅可以结识朋友、沟通交流，还可以便捷地使用各种嵌套进脸书的网络服务与应用软件。举例来说，当你将自己的脸书账号与 Supercell 公司 ① 开发的《部落冲突》（*Clash of Clans*）关联后，就可以与脸书中的好友一起玩这个游戏。另外，脸书还推出了面向企业或机构的商业页面服务，方便企业进行市场营销，这也大大增加了脸书平台的实用性，反过来促进了脸书的进一步普及。脸书已经发展成为一个规模不断扩大的平台，它不仅支持个人用户注册，还聚集了许多希望通过与用户建立联系来扩大业务的企业。赛我网的方式是由自己全面掌控平台内的生态系统，而脸书则是打开大门，把整个生态系统向个人用户与其他企业开放。

---

① Supercell 是芬兰的移动游戏巨头。——译者注

围绕生命日志这种形式建立的社交媒体元宇宙如果想要得到发展，就需要有快速触达客户的能力。平台服务的操作设计应避免过于复杂、难以掌握，以简单方便易上手为宜；生态系统应该做到开放包容，允许多元化的个人与企业融入其中，并以适合自己的方式开展活动。

要不要切断与你的联系，我说了算！

在使用脸书、推特、Instagram 或其他任意社交媒体服务的时候，我们总会碰到一些不喜欢的人。有时看到一些帖子，比如鼓吹某种政治或宗教立场、粗鄙无礼地指责别人，或是充满假大空的自吹自擂，我们往往会觉得不舒服。这些言论不禁让我们怀疑是否还有继续关注这些朋友的必要。我们可能不会马上这么做，但随着不舒服的感觉不断发酵，总有一刻，我们会摁下"取消关注"的按钮。

可是如果在现实生活中你的朋友或同事说了一些令你不悦的话，你会怎么看待他们？你会不会动这个心思："这个人让我这么别扭，我要切断与他的一切联系？"其实更多时候，你大概会这么想："能怎么办呢？就算我心里不舒服，忍忍算了。"

我们在社交媒体元宇宙中对人际关系的掌控感与在真实世界中不同。社交媒体赋予了我们更强的掌控能力：如果有的人或有的帖子令人不适，我们会觉得"大不了哪天切断联系就罢了"；

但在真实世界中，我们很少有这种程度的掌控感。同样地，令人嫌恶的言论或人如果出现在现实世界中，我们可能会非常不悦，但如果出现在社交媒体元宇宙中，情绪似乎并不会有很大波动，因为我们可以自己做主，知道可以"点个按钮就不必再与对方有什么瓜葛了"。这就是可控性效应。当我们身陷不愉快时，一种情况是我们别无选择只能忍受，另一种情况是我们可以告诉自己："眼下不计较也罢，只要哪天不想再忍，是我说了算。"可控性效应的差别就在于此。每当想到元宇宙中人们在可控性效应的作用下所拥有的平和心境，我就在想，我们这一代人是否不会再为真实世界中过度的人际关系所累。

如果你仔细观察就会发现，在元宇宙中，可控性效应在某些时候被运用得淋漓尽致。在 Instagram 这样的社交软件中，一个人可能会同时开多个账号，作用也都不同。比如，一个大学生可能有几个不同的账号，分别用来发布课业情况、分享日常生活，以及记录一段恋爱关系。记录恋爱关系的账号可能只对他的恋爱对象公开，也有可能三个账号对所有人都可见。但如果这个记录恋爱关系的账号是对所有人公开的，一开始又何必单独使用它来记录呢？原因不一而足，有一种可能是如果这段恋爱关系结束，要想马上删除整个恋爱记录，或是把账号内容设为"仅对自己可见"就容易多了。这也是生命日志元宇宙中的一种文化：我们可以自由地记录生活，随性地与他人分享，但如有必要，我们也可以一删了之或是关闭分享。能够掌控自己的记录、按自己的喜好去决定如何分享，这是极大的便利，也让人心里有底。但时不时地，我们是否也应该反思，人与人之间的关系可以被如此草率地对待吗？

耐克元宇宙：全球运动爱好者的锻炼记录为我所用

2006 年，耐克与苹果公司合作开发了一系列"Nike+"服务。最初这项服务的形式是这样的：当你穿着带有传感器的耐克鞋跑步时，跑步相关的数据记录会传到苹果 iPod 设备中，之后你可以把 iPod 连接到电脑上，上传跑步数据，与朋友进行比拼。

2012 年耐克推出了一款手环，名叫"Nike+ 能量手环"。戴上这款手环后，就算你没有专门去做任何运动，手环也能告诉你每天消耗了多少卡路里，并把消耗的卡路里换算成"耐克能量"积分。与 Fitbit[①] 以及其他运动追踪设备不同的是，耐克推出 Nike+ 服务与 Nike+ 能量手环的目的并不在于销售多少与此相关的硬件设备，而是想要获取大量的消费者数据，比如他们的运动方式、每天什么时段会做多大量的运动等，以此来推动耐克现有产品的销售。

然而，耐克最终还是放弃了通过外部设备获取人们运动数据的战略。因为当时有些竞争者已经开始生产能够进行运动数据管

---

① Fitbit 是美国旧金山的一家新兴公司，是一家可穿戴设备厂商，其记录器产品名扬世界。——译者注

理的可穿戴设备，并且已经在消费者中火爆起来。耐克推断，如果消费者记录运动数据还需要另行购买单独的设备才能实现，那么耐克将很难靠此方式获取足够的数据样本。

于是耐克将战略重点从硬件转移到了软件，开始打造自己的运动元宇宙，让用户能够快速、便捷地沉浸其中。几经打磨，耐克目前主要提供两大类型的应用软件服务：一个是跑步类应用软件"Nike+Running"，另一个是综合各类运动管理的"耐克训练俱乐部"。在 Nike+Running 中，用户可以分享自己的跑步路径与记录，与朋友相互鼓励、相互比较。在耐克训练俱乐部中，用户可以参加知名体育明星的训练课程，并把训练成果分享到社交媒体上。

在无接触的大环境下，人们无法聚集在一起共同做运动，于是使用 Nike+Running 与耐克训练俱乐部的用户数急剧攀升。这个起初以"Nike+"起步的运动元宇宙正在把世界各地的人吸引到耐克的世界中来。通过这个元宇宙的创立与运作，耐克所获得的运动数据之详细、数据样本之广泛，超过了世界上任何一家公司或研究机构。与此同时，伴随着耐克元宇宙一起壮大的，还有公司持续上升的市值。在过去 5 年间，耐克的总市值翻了一番，估值达到了 2196 亿美元（截至 2021 年 1 月），远远超过市值676 亿美元的阿迪达斯。耐克的运动元宇宙发展得越好，公司越能准确掌握人们在真实世界中的运动情况，我相信这家公司在真实世界中的市值仍将继续增加。

元宇宙的未来与阴暗面故事二：从 YouTube 视频网站到 ViewTube 视角网站

接下来我想向大家展示一个名叫"ViewTube"的元宇宙。这个元宇宙在现实中还未出现，只是来自我写的一个小故事。ViewTube 设想了 YouTube 的生命记录功能在未来可能出现的某种发展走向。读下面的故事时，我希望大家能展开"智人"的想象力，想想生命日志元宇宙会带来什么样的问题，你希望遇到什么样的生命日志元宇宙，以及未来还会出现怎样的生命日志元宇宙。这里有必要透露给大家，我已经对故事中出现的"视角发送器"提出了专利申请。

你是我的眼

金志洙（主持人，下称"金"）：各位观众晚上好！欢迎来到我们的《十分钟热点大讨论》节目。我是主持人金志洙。首先让我来介绍一下今天的嘉宾。我右边这位是媒体评论家闵沙金先生；在我左边的这位，是 ViewTube 公司的总监朴妍雨女士；她左手边是姜喜珠同学，是 ViewTube 的一位忠实用户。

闵沙金（下称"闵"）先生、朴妍雨（下称"朴"）女士、姜喜珠（下称"姜"）同学，三位晚上好！

金：最近我们常看到这样的文章，称"YouTube 时代已经终结，现在是 ViewTube 的时代了"。不过很多年长一些的人还是对 YouTube 更加熟悉。朴总监，您可否为我们简单介绍一下 ViewTube 的情况呢？

朴：就像我们的产品名字所蕴含的意义一样，ViewTube 服务可以真正向你展示别人眼中看到的景象。最近在 ViewTube 上最火的内容就是以主人公的视角播放他们约会的情形。举个例子，假如作为观众，你观看的是一位男性视角呈现的约会场面，你可以看到约会中他所看到的画面，听到他听到的声音，就好像你正在使用这位男士的眼睛和耳朵一样。

金：原来是这样。与 ViewTube 配套的基本设备有两样，一个是视角主人公使用的视角发送器，另一个是观众使用的视角接收器。视角发送器看上去像一副眼镜，接收器看起来比较像一套虚拟现实眼镜。目前这两种设备在市场上有很多种，不过 ViewTube 最初是怎么开始提供这种服务的呢？

闵：很多人误以为 ViewTube 服务是由 ViewTube 公司首创的。其实 ViewTube 这种服务最初是由金相允教授设计的。我带来了一些金教授在知识产权局提交注册的初代视角发送器的图片。当然它肯定不像现在的发送器那么精致，不过它才是 ViewTube 的起源。发送器上置于两个眼睛上方的摄像头可以捕捉视角主人公看到的三维影像，两只耳朵中的扩音器可以捕捉四面八方的立体声，同时发送器还可以对振动进行监测。这些三维影像、声音与振动被发送器记录下来的同时，就被实时发送至千里之外的观众面前了。

朴：是这样的。我们购买了这项专利之后就开始了 ViewTube 平台的搭建。

金：最开始传到 ViewTube 的是什么类型的内容？

姜：我从 ViewTube 一上线就开始观看了。最开始，视角提供者大多是韩国的流行偶像团体，他们在舞台上表演的同时会戴着视角发送器。这也是我一开始注册使用 ViewTube 的原因，因为我当时是一个女团组合的粉丝团成员，很想知道她们在台上表演时能看到什么、听到什么。

金：了解。我曾经也通过视角接收器看过几次偶像团体从第一视角传来的内容，真的是非常奇妙的体验，很有意思。不过近来是不是普通人视角下的内容比偶像团体的要多呢？

朴：确实如此。一开始，一些名人会实时传输与售卖他们视角下的内容，后来体育明星也陆续加入其中。很多订阅用户购买了视角接收器，就是为了观看足球运动员在欧洲踢球时的情境。不过就像您刚才提到的，近来实时传输的播放内容更加多元化，包括人们第一视角下的约会、工作、爱好以及日常活动等。

金：看起来任何事情都可以播放。其实这已经导致一些人开始表达对 ViewTube 的担忧。您怎么看待这个问题呢？

闵：确实，最近 ViewTube 上有一档节目争议不断，叫《隐秘的倩影》，播出的视角内容是在俱乐部、咖啡馆、公共交通工具等场所人们偷瞟到的女士画面。

金：如果只是偷偷瞟一眼，算得上一个问题吗？

闵：我想从这档节目的名字就能看得出来，节目的内容是非常有偷窥嫌疑的。当然他们没有明目张胆地盯着别的女士看，也没有窥探不该看的地方。视角提供者声称他们只是提供了一些街景的素材，但我想你们也一定认同这里存在道德上的模糊地带。

朴：我认为在公共场所，只是单纯地听到或用自己的眼睛看到某些事物，算不上侵犯他人的权利。

闵：对，当然算不上。但问题在于这个内容被播出了，全世界有多少人正通过视角接收器在观看这些内容啊！

朴：您应该也知道，ViewTube 通过技术手段完全避免了这些视频或音频的保存，正是这样……

金：不好意思，我们来接着往下讨论吧。喜珠同学，我想问问大学生现在使用 ViewTube 的人多吗？

姜：我感觉就我所认识的同学来说，通常每天有六七个小时在看 ViewTube 吧。我的朋友不常看名人或体育明星的内容，他们对普通人视角下的内容更感兴趣。

金：每天六七个小时？除去睡觉与学习的时间，也就是说除了吃饭，他们的全部时间几乎都用在了 ViewTube 上？

闵：这正是问题所在。我们正在培养的这代人，不用自己的眼睛看世界，而是借用别人的眼睛。画面能进入我们的眼睛，并不代表我们真正在看……

金：很抱歉打断您。10 分钟的时间差不多到了。老传统，我们的讨论必须准时在 10 分钟时结束。您刚刚收看的是《十分钟热点大讨论》节目，我是您的主持人金志洙。

摄像机关闭，金、闵、朴、姜对工作人员与主持人表示感谢。

金：等一下！闵先生，您是不是戴着视角发送器呢？刚才整个直播过程中您都戴着它吗？您知道您不应该在节目直播过程中戴着它的！

闵：抱歉，确实，不该戴的。只是，您也知道……我不能让我的订阅观众失望啊！

金相允

2020 年 6 月 14 日

元宇宙的未来与阴暗面故事三：大脑之旅

我要介绍的这个元宇宙叫"大脑之旅"。这个元宇宙还未出现过，同样地，它也出现在我写的一个短篇故事中。2020 年 8 月，Neuralink 公司（特斯拉的创始人埃隆·马斯克于 2016 年创立的脑机接口技术初创公司）向公众展示了一只名为格特鲁德的猪，两个月前它的脑中被植入了一个计算机芯片。马斯克的 Neuralink 公司正在研发连接计算机与人脑的技术，允许计算机直接读取人的想法。植入格特鲁德大脑的"链接 0.9"号芯片形似一枚直径 23 毫米、厚 8 毫米的硬币。它可以无线充电，并以每秒 10 兆比特的速率进行脑电波信号的无线传输。当格特鲁德闻到香味时，它脑中被激活的信号就会出现在计算机屏幕上。Neuralink 还在实施一项计划，在志愿者脑中植入芯片。所以，从技术可行性的角度来讲，故事中出现的"大脑之旅"可能离我们并不遥远。在此之前，我们有必要就生命日志中可记录与可分享的事物边界达成社会共识。

大脑之旅

"时宇，抓住这次机会，拿到你想要的，就这一次。"

"我说了不行！你觉得我可能放一堆陌生人进来，把我想些什么翻个底朝天吗？"

"别逼我说这些，但是你现在接不到任何商业活动，你的粉丝团已经没什么人了。坦白地讲，你最新的单曲表现得一塌糊涂，你不是不知道啊！"

在一旁，大脑旅行有限公司的项目经理郑先生一直默默地听着时宇与李先生的对话。一个过气偶像和一个经纪公司总监，互相争执不下。这时，郑先生开口了。

"我相信李先生已经解释过我们的分成方式了，不过，还是让我揉碎了再给您算一笔账吧。一张黄金档票可以游览一小时，售价29 万韩元。每个小时可以卖给 50 个人。如果您每天睡 8 个小时，我们一天可以卖出 400 张黄金档票。一张白银档票可以游览半小时，售价 19 万韩元，每小时我们可以卖给 100 个人。同样地，如果您一天睡 8 个小时，我们每天可以售出 800 张白银档票。一个月下来，我们的总收益能达到 80 亿韩元。"

"时宇，你听听，就算我们与大脑旅行公司五五分成，经纪公司拿走 10 个亿，你还能拿到 30 亿韩元。你上哪儿还能找到这等好事？你要做的不过是在这一个月里每天安安稳稳睡够 8 小时而已。"

大脑旅行问世已有一年左右的时间了。这项业务给消费者提供了一个趁别人入睡时进入别人的大脑，探寻对方记忆的机会。出于对大脑宿主的安全考虑，这项服务同时限 100 人连接，每天最多可持续 8 个小时。运营公司一般会销售包含一小时游历时长的黄金档票与包含半小时的白银档票。

"问题就在这儿！按你的算法，每天会有 1200 人，每月有 36000 人在我脑中掘地三尺看个究竟，窥探我所有的记忆。"

"时宇，没错，你说的都对。但又有什么关系呢？你的个人信息和私人生活，哪样没有在镜头下被成千上万次暴露？你的粉丝早都见怪不怪了，所以让他们窥探一点点你的记忆又有何妨呢？"

"你说得倒是容易！你愿意把你脑子里的东西都掏给那么多陌生人看吗？"

"你怎么会说出这样的话？你觉得事到如今我很开心吗？对了，郑先生，您之前说的'记忆幕帘'是怎么回事来着？这东西可以屏蔽一些记忆对吗？劳烦您再给他讲讲？"

"没问题。通常我们这儿的明星会有一些特殊的记忆不愿意给粉丝看，我们可以通过记忆幕帘将它们遮挡。这么说吧，在开启大脑之旅之前，我们会对你的大脑进行扫描。在这个过程中，你需要做的就是把注意力集中在与你想要隐藏的记忆相关的字眼上。简单来说，我们可以看到在那个时候，你的大脑的哪个部分比较活跃，我们就会确保游客无法进入那部分区域。"

"听到了吧，时宇？那次吸毒丑闻爆发以及之后的事，我们都可以确保粉丝找不到一丁点儿与它相关的记忆。"

"你说什么？我告诉过你我从来没有吸过毒！别告诉我连你都不相信我？"

"我不是这个意思，我是说……"

大脑旅行公司的总监打断了对话。"不久以前，我们这里有一位女明星，姓姜，我们在她那里成功地开展了一次大脑旅行，效果非常好。她就是通过记忆幕帘隐藏了关于她父母的记忆。就算我们不知道你想隐藏的记忆是什么，我们也可以帮你做到，所以你不必紧张。"

"你看，时宇，就这么办吧。他们说了，这件事对你的健康不会有任何影响，绝对安全。到时候我们就能把你所有的债务问题都解决掉，之后你走你的阳关道，我过我的独木桥，从此一拍两散，你就可以自由地做你想做的音乐了。这样不是很好吗？"

"……"

⧟ 一个月后 ⧟

"李先生啊，不出所料，所有的票一售而空。"

"终于松了一口气！哦，对了，那些 VIP 票……"

"你把心踏实放回肚子里吧。我告诉过你，我们卖掉了 10 张 VIP 票，每张卖到了 2 亿韩元啊。咱们一人一半，你可以把 10 亿韩元装回家了。"

"嚯，真不敢相信，居然真的有人会买这样的票。什么人会花 2 亿韩元就只为了进时宇的脑子里转一个小时？"

"我们自然没法告诉你谁买了这样的票，但是，怎么说呢，能偷看一眼别人藏在记忆幕帘之后的秘密，诱惑力还是很大的。不过这也是我们要另外签这个秘密合同的原因。当然啦，VIP 票全部用现金支付，我们的客户也会跟我们保守这个秘密，否则不光咱们要遭殃，这些客户也得跟着吃瓜落儿。所以自然不必说，你一定不能向时宇透露有关这份秘密合同的半个字。"

"当然当然，那是一定的。不过我听说上次那个姜姓女演员的 VIP 票卖得更贵，是吗？"

"没错，上次那个票更抢手，后来一张票卖到了 3 亿韩元。"

"她到底藏了些什么？……不过，估计我也不知道时宇隐藏的是什么。"

"下周大脑之旅一开启，我们就知道了。这样的 VIP 之旅，我是不会错过的。"

郑先生眼中闪过一抹不怀好意的寒光，透着不易察觉的冷笑。

两个月后

"李先生，您看看款到账了吗？所有事情全部结束了。"

"谢谢，非常感谢您，时宇与我好好赚了一笔！"

夜，暗沉沉的夜，没有一丝月光能从厚厚的云层中透出来。偶像时宇的经纪公司总监李先生和大脑旅行公司的业务经理郑先生，此时正在 45 楼的天窗酒廊，私下做最后的道别。

"郑先生，上次您提到的 VIP 之旅……"

"看来你还是很把它当回事。我该不该告诉你发生了什么？"

郑先生双手叠放在胸前，深深地陷进沙发里。他微微转头凝望窗外，缓缓讲起了这趟 VIP 之旅，讲述时宇藏在记忆幕帘后的秘密。

八年前

时宇的首次演出搞砸了。可能是现场直播的压力比较大，付出那么多努力最终才站上大舞台的他，甚至没有办法撑过整场表演，不是磕磕巴巴记不住歌词，就是跌跌撞撞跟不上编舞。直播结束后，时宇和他的经纪人李先生，还有演出制作总监安美静，三个人坐在江南区一间酒吧昏暗的包房中。当时时宇能登上这次首演的舞台，就是这位安总监给开了绿灯。时宇连灌了几杯酒，已经趴在桌上不省人事。安总监的怒火没有一丝要平息的迹象。李先生斜眼瞟了一眼时宇，看他还昏睡不醒的样子，突然起身跪在了安总监面前。安总监放下跷着的二郎腿，俯身向前，冲着李先生的脸一巴掌猛抽下来，连扇好几个耳光，李先生的脸明显红了起来。随着一声冷笑，安总监将一杯冰水结结实实地泼在李先生脸上。李先生的头冲着安总监的脚低低地俯了下去，直到一头磕在地上。少顷，李先生递给安总监一个信封。她接过来顺手滑进手提包，径直走出了房间。李先生看了一眼熟睡中的时宇，一副溃不成军的样子，随后重重地吐出一口气，跌坐在他身边的椅子里，开始抓起酒吧里的小零食往嘴里塞。已经晚上10点了，从早到晚一刻不停歇地忙活时宇的首演，这是他今天放进嘴里的第一口食物。

"啊，时宇……他怎么会知道呢？他确实把安总监给的酒都灌下去了，这个老巫婆！我的确看到他昏过去了。"

"这就是时宇藏在记忆幕帘后的事情。只能说他当时是在装睡。他什么都看到了，否则我和那些VIP游客绝不可能看到这一幕。"

"我……我明白了。时宇啊时宇，你个傻小子！不值一提的事情，何必花这个心思藏它。在这个行业，这种事情算不得什么……"

"其实，李先生，这事儿到这里还没结束。"

"什么意思？在此之后我就带时宇回家了啊。"

郑先生坐在桌前，盯着酒杯上的凝珠出神。少顷，他一把抹掉了滴落的水珠，仰头吞下了杯中剩余的酒。

"我说过了，时宇只是假装喝多了。你把他送回住所后，他打了个电话就出门了。我猜他是去了某个地方。

"什么？大半夜的时宇一个人能去哪儿？"

"他去找安总监了。他去了安总监独自居住的公寓楼。"

"可是时宇为什么要——我的意思是说，深更半夜的……去见安总监？……"

郑先生站了起来，再也没有说一句话。他轻轻拍了拍李先生的肩膀，走了。李先生呆立在原地，甚至没注意到郑先生的离开。他拿起电话打给时宇，但这位偶像没有接听。他又试着拨打，依然无人应答。李先生缩成一团蜷在沙发里，空洞的双眼直勾勾地盯着窗外，四下茫然。窗外的灯火，璀璨而静谧，沿着蜿蜒的汉江一路明明灭灭，不知在追寻些什么。

金相允

2020 年 1 月 19 日

第四章

元宇宙形态之三：
镜像世界

真实世界 + 效率提升 + 边界扩展 = 镜像世界

从本质上来讲，镜像世界就是把真实世界中的模样、内容与结构进行复制的一类元宇宙。这类元宇宙在设计之初就是为了提升真实世界的效率，扩大现实世界的边界。以韩国的一款外卖软件"外卖的民族"（Baedal Minjok）为例。在这款外卖软件中出现的所有餐馆都真实存在于现实世界的某个角落。有一些餐馆还保留着传统的店面，顾客可以进店用餐，而有一些餐馆仅提供外卖业务。其实我们可以直接给这些餐馆打电话订餐并要求配送，为什么我们却更喜欢使用外卖软件呢？首先，如果我们直接给餐馆打电话，电话有可能占线，或者接听电话的人不了解菜单，而且我们必须要通过电话提供我们的地址、确认下单的菜品，这个过程非常麻烦。而外卖软件提供了更高效的方式，我们只需要在手机上点一点就可以完成整个订餐流程。其次，外卖软件上的所有餐馆都有评级与顾客点评，而且对餐馆的地址与特点均有详细的介绍。因此，用户能从软件中获得更多的补充信息，这就是信息的拓展性。这一点也是这款软件的一大优势。

谷歌地图与 Naver 地图也是镜像世界的一种。在线地图不仅能显示道路的示意图与地址，还能提供我们平视方向上的街景图像与俯瞰图片。真实世界中的地图进行数字化处理后，成了镜像世界得以运转的重要基石之一。地图服务提供商通过定期更新地图信息，确保真实世界中的变化能如实地反映到在线地图中。

镜像世界展现给我们的似乎都是真实世界原本的样子，但是一个镜像世界不足以囊括整个真实世界。想象一下，假如你家附近的一条巷子里有一家餐馆、一家干洗店。在真实世界中，你可能会去这家餐馆吃饭，如果不巧把酱汁溅到衣服上，你可以直接去隔壁干洗店进行处理。但是在送餐软件中，并没有这样直接的横向关联。即便在真实世界中餐馆的旁边确实有一家干洗店，外卖软件这个元宇宙中也不会出现那家干洗店，因为这个元宇宙是专门用于改善食品外送的效率与服务延展性的。显然，即便镜像世界就像一面反映真实世界的镜子，它们与真实世界还是有很多区别的。然而，正因为能有效地提升效率、扩充服务内涵，镜像世界已经被广泛应用于各种领域，包括商业、教育、运输、分销以及文化内容等。

吃花生的猴子

意大利神经心理学家贾科莫·里佐拉蒂（Giacomo Rizzolatti）在做短尾猕猴实验的过程中，发现了猴子大脑中存在一种神奇的神经元类别。他的科学团队观察了猴子在用手捡起花生时大脑额叶皮层某个区域的神经活动。随后，科学家们又观察了猴子在看到研究人员捡起花生时大脑中的反应。结果非常显著，研究人员观察到了同样的神经元活动。猴子自己捡起花生时，与看到别人捡起花生时，大脑中出现了同样的反应。实验进一步发现，还是同一片大脑区域，猴子在看到别的猴子吃花生甚至听到剥花生壳的声音时，都会被激活。为了做进一步研究，科研团队在人类身上也做了一个类似的实验。人们在看到别人的面部表情和手部动作时，脑中的活跃区域与他们自己做这个表情或手部动作时一样。里佐拉蒂把他的这个新发现称作"镜像神经元"。

镜像神经元对我们的活动影响很大。我们可以通过观察与模仿别人的行为进行学习，听到别人的故事时能感同身受，这些能力都与镜像神经元有密不可分的关系。它让我们能够在没有亲身参与或亲眼所见的情况下，理解当时的情境。我们会同情电影、电视节目中遭受苦难的主人公，读小说时我们脑中会出现画面，仿佛书中的人物都是真的，也能被故事情节带着走，这些功能的实现都与镜像神经元有关。

不过镜像神经元不仅仅与共情能力和想象力有关。我们通过外卖软件点餐时，大脑中是什么情形呢？我们在地图上寻找餐馆的位置时，大脑中想的是餐馆所在的实际位置。尽管我们在下单之前没有看到真实的食物，但我们会阅读菜单上的描述和许多点评，并在大脑中想象它的味道。当我们完成下单，外卖软件可以显示距离配送到家还有多长时间；我们看着倒计时，就会猜测外卖员已经到了什么位置。仅仅是通过外卖软件，我们就好像真正进入了一家餐馆，仿佛能闻到食物的香味、完成点菜，然后看着食物从后厨被端出来。这些都是镜像神经元帮我们实现的。

谷歌为什么要做地图？

自 2005 年 2 月推出谷歌地图服务以来，谷歌就对这项服务不断地进行升级与扩展。尽管谷歌是直接通过自有资源及可获取的公共数据来创建地图信息的，但在有些国家，公众可以参与地图的修改与地图信息的补充。类似 Naver 地图，谷歌地图允许我们搜索出行路径，按公共交通、驾车或步行等方式进行筛选，同时可以实时呈现交通状况。它的街景地图服务能够提供 360 度的全景图像，通过在每条街道上多个位置所拍摄的照片，帮助用户看到环顾四周时的景象。谷歌的俯瞰视图提供的是从空中 45 度角所拍摄的画面，甚至还能提供某些海洋区域的全景画面。

谷歌还允许其他公司基于它的地图来构建新的服务。例如我们在第三章中讲到的"Nike+Running"这项服务，就是使用谷歌地图来显示用户跑步的位置，测量跑步距离。通过谷歌地图的数据搭建镜像世界的各类公司不计其数。如果每天的数据连接量不大，使用谷歌地图的公司不需要向谷歌单独付费，不过自2018年采用新的定价政策之后，谷歌开始逐步提高使用费。所以，基于谷歌地图的数据来提供镜像世界元宇宙服务的公司也预见了未来成本的上升。

谷歌地图的数据现在已经非常有影响力了。随着创建与使用镜像元宇宙的公司与国家越来越多，地图数据的影响将继续扩大。当初谷歌地图问世时，许多人疑惑为什么谷歌会投入巨资制作地图，然后又免费提供给公众使用。人们觉得没有办法靠地图赚钱。然而，镜像世界的发展将充分凸显谷歌无以匹敌的优势地位，因为它所掌控的是许多镜像世界赖以生存的基石。

不过，这并不意味着我们需要因担心谷歌完全支配所有镜像世界的根基而感到绝望，因为地图不是构成镜像世界元宇宙所需要的唯一信息。地图上的那些楼宇、楼宇中的公司与机构，以及使用各种元宇宙的人群信息更为重要。问问你自己，如果你想创造一个镜像世界，现实世界中的哪些信息对你来讲才是最重要的？比如，经营一家化妆品公司，你可以把消费者的化妆品消费规律与谷歌地图进行匹配，为化妆品消费者创造一个元宇宙。基于这样的数据匹配，在公交车站，你可以只在某个潜在客户路过时播放化妆品广告，也可以在不同区域的店面采用不同的销售策略与产品展示方式。

《我的世界》，一个以 25 亿美元身价入驻微软的元宇宙

　　《我的世界》于 2011 年正式发售。从未玩过这款游戏的人可能很难理解它的魅力所在。

　　与射击或动作类游戏的玩法完全不同，在《我的世界》中，玩家通过随心所欲堆叠方块的形式创造自己的世界，有点儿像叠乐高积木。游戏中提供的方块种类琳琅满目，每种方块都有独特的属性，比如有土块、石块、木块、电磁块等。游戏的最主要特点在于它是一款"沙盒游戏"，这也是它最大的卖点。想象一下游乐场的沙盒，它就是一个装满了沙子和各类玩具的木盒，小孩在这里可以自由自在地玩耍，可以堆沙子建东西，建成之后整个推倒再去堆砌别的东西也无妨。在这里，想象力与技艺完全不受约束。

　　《我的世界》是由 Mojang 工作室开发的。这是一家瑞典的游戏开发公司，由马库斯·佩尔松、卡尔·曼内赫德与雅各布·普尔策共同创立。

　　2014 年 9 月，微软公司以 25 亿美元买下 Mojang 工作室时，《我的世界》元宇宙一并归于微软麾下。当时有人认为微软给的估值过高，但现在看来微软的这次并购非常成功。这一点从登录《我的世界》元宇宙所需要的软件销量上已得到充分体现。《我的世界》可以从电脑、智能手机与游戏机上进行访问。截至 2019 年，适配游戏机的这款游戏软件累计销量已超过 1.76 亿

套，一举成为史上销量最大的电子游戏。事实也是如此，这款游戏的火爆程度令人咋舌。2019 年，这款游戏的月均用户超过了1.1 亿人，相当于有超过韩国人口总数两倍之多的人在玩《我的世界》。

第一次见到《我的世界》的人，特别是成年人，通常都会奇怪这款游戏到底有趣在哪里，我也不例外。这款游戏中的人物和背景与当下流行的游戏相比，显得非常原生态。它没有制作精良的电影质感，画面都是块状图案，看上去甚至还有些年代感。音效也非常初级。所以，怎么会有人喜欢一款这样的游戏呢？确实，《我的世界》在小学生中最受欢迎。孩子们在《我的世界》中都做些什么呢？前面我提到过，《我的世界》最核心的特征就在于它是一款沙盒游戏，这正是孩子们着迷于它的根本原因。他们在这里几乎可以打破所有边界，肆意玩耍和探索，而儿童探索事物的特点也在于此。

不过，《我的世界》的玩家并不都是儿童，这款游戏中很多令人叹为观止的作品都是由成人创造的。除了建造自己设计的一些奇思妙想的建筑，很多成年玩家煞费苦心地二次创作了真实世界中的景致，佛国寺、景福宫、瞻星台、泰姬陵、埃菲尔铁塔等世界著名建筑，全部再现于《我的世界》。即使你被困在家中，也可以游览与研究这些知名的地标性建筑，或者学着自己来搭建一个。

能够创造虚拟建筑或复刻真实世界的场所，这为我们带来的好处与日俱增，特别是在一个快速变化的世界里尤为如此。2020年随着新冠肺炎疫情的蔓延，许多大学生进出校园受到很多限制，于是宾夕法尼亚大学、伯克利音乐学院、奥伯林学院等几所学校的学生在《我的世界》元宇宙中，重新搭建出了自己的学校。他们不满足于只修建操场、图书馆、授课厅，甚至还重新修建了自己的学生宿舍与流动餐车。

由于无法在真实世界中相见，学生们便在《我的世界》中创造了一个与真实世界中的大学一模一样的镜像世界，希望能够在元宇宙中相聚，一起聊天、玩乐，甚至举行毕业典礼。无独有偶，日本的学校受新冠肺炎疫情的影响关闭后，一些小学生在《我的世界》中修建了自己的教室，并举行了一场虚拟的毕业典礼，还把这场典礼分享到了生命日志元宇宙——推特中。也就是说，学生们把镜像世界与生命日志联系在了一起。值得一提的是，整个活动并不是由学校或老师主导的，而是由小学生自发地组织并完成的。

我还认识一些这样的老师，他们在《我的世界》中创建了自己的学校，把学生邀请进来，为他们讲授历史、科学与社会学等内容。其他国家也有很多类似这样的事例，其中有一个非常有趣。克里斯和埃米莉亚在瑞典旅行时碰到了一种古老的斯堪的纳维亚语——Elfdalian语。讲这种语言的仅有3000人左右，大多生活在瑞典中部，主要是分散在不同区域的游牧民族使用，而且会讲这种语言的人还在不断减少。为了确保Elfdalian语不会失传，克里斯和埃米莉亚在《我的世界》中创建了一些通关类游戏，以这种方式向人们讲授瑞典中部地区这个少数民族的文化、历史与语言。

为什么像克里斯和埃米莉亚或者美国大学生这样的人会决定在《我的世界》中创造他们的镜像世界元宇宙？原因很简单，因为《我的世界》不仅能够呈现真实世界的镜像，还允许用户带着某个既定目标，通过所需信息与功能的运用有效地扩展这个镜像世界，比如达到学一种新语言的目的。要知道，镜像世界的主要特征就是其高效性与延展性。第一眼看上去，《我的世界》并不是一款惊艳的游戏，但为什么全球用户都表现出对它的极大热情，特别是为何它能深受广大儿童的喜爱，并被频繁地运用到教育中？想一想这些问题，或许我们会得到很多启迪。

我们从儿童的角度来分析一下。人们对自己创造的东西往往表现出更高的喜爱程度，这就是所谓的"心血辩护"（effort justification）效应。比起已经存在的事物或由别人创造的事物，我们更加珍视与偏爱自己通过想象、倾注了心血亲自创造的东西。每每想到《我的世界》元宇宙给孩子们带来的巨大欢乐，我总会为我们没能在现实世界中给他们提供更多实现创意的机会而感到亏欠，也常常反思，是否我们只是简单地希望小孩听从大人的指挥、恭顺地活在由大人创造的世界中？事实上，成人也一样受心血辩护效应的影响。当我们从宜家买了一些东西，拖着重重的箱子回到家，然后亲自组装出一件家具时所获得的快乐，与儿童在《我的世界》中创造出自己的天地时所获得的快乐并没有什么不同。这种倾向在成人中甚至有一个说法，叫作"宜家效应"。

当孩子们在《我的世界》元宇宙中兴高采烈地玩耍与学习时，看得出他们对镜像世界的理解比我们要好。我希望你能像我一样，对孩子们未来可能创造出的镜像世界充满期待并给予支持。

没有房间的酒店：爱彼迎

爱彼迎是一家房屋住宿中介服务公司，总部位于美国旧金山，创立于2008年。这家公司的创业故事非常不起眼。布莱恩·切斯基与乔·杰比亚是一对好友，辞职之后一起来到旧金山，想在日进斗金的科技行业站稳脚跟。当他们发现自己在旧金山连公寓的租金都快付不起的时候，想出了一个招租赚钱的办法。他们在自己的公寓中放置了三张气垫床，还为租客准备早餐。此时，恰逢2007年10月一个重要的会议在旧金山召开，当时许多人已经订不到酒店了。切斯基与杰比亚向租住他们房间的客人收取了1000美元，并决定把这个小方案发展成一项生意。这也是他们给公司取名爱彼迎的原因。爱彼迎的英文名为"Airbnb"，取"Airbed & Breakfast"之意，即"气垫床与早餐"，这正是公司创立之前，他们最初提供的服务形式。

爱彼迎的服务模式相对简单：个人可以在爱彼迎上注册，将自己的公寓、商住房以及住宅租给其他人使用。有时候，出租的可能是房主的一个沙发或一间空屋，也有可能是房主暂时不用的整套房子。从租客的角度来看，他们的感觉更像是住在家里，而不是酒店。租客更看重的是房屋的属性、所处的位置以及屋内的设施，比如床、厨房、卫生间等。爱彼迎将这些信息汇总到数据库中，再以非常便于搜索的方式展示出来。为保护房主的隐私，房屋的具体地址只有在客户完成下单后才能提供，不过租客可以提前获取关于房屋的很多具体信息，包括房屋的大概位置、屋内的布局、配套的家具与设施，以及可供租客使用的家电等。如果说谷歌地图是把真实世界中的外部公共空间搬到了镜像世界，那么爱彼迎所做的就是把个人居所的内部空间复制到了镜像世界元宇宙中。

截至 2019 年 10 月，爱彼迎网站上每天大约有 200 万个预订。想象一下，一家酒店在一天内能向 200 万个客户销售出去 200 万个房间的场面。换句话说，这个巨型酒店，或者说世界上最大的酒店是在镜像世界元宇宙中创建的，但它依赖于与真实世界的关联来执行订单、履行功能。它通过向房主与租客各收取一定比例的手续费赚取利润。尽管住房信息在叠加了地图及其他信息后是通过镜像世界呈现的，类似于我们之前描述的外卖软件，但爱彼迎需要通过存在于真实世界中的实物来实现客户的需求。爱彼迎提供的住所种类跨度很大，小到廉价的房间，大到昂贵的私宅，甚至连充满历史气息的欧洲古堡都囊括在内。

由于爱彼迎并不是亲自管理每间住所，而是作为一个平台，由个人来提供自己的服务，这就导致一些问题的出现。比如，真实的住所与爱彼迎网站上展示的住所完全不符，租客破坏或偷盗屋内物品的情况也屡见不鲜。在许多国家出现过法律纠纷，因为出租住房的人并不是正式备案的房东，还有一些房主没有对从爱彼迎获取的收益申报纳税。

区分创新类别的一种方式是看它属于核心能力弱化还是核心能力强化。一般来讲，企业会努力强化自己的核心能力，提升竞争力，以期获得垄断地位。比如，如果一家连锁酒店想要增加自己的市场份额，通常会通过自建更多酒店，或者收购竞争者的酒店来达到目的。但有时，有些企业却是在放松对核心能力的依赖后才取得全新的突破，这听上去似乎有些违反常理。核心能力弱化是指以往在产品与服务的生产和管理过程中不可或缺的核心能力被淡化，由此达到创新的过程。以爱彼迎为例，它并不是大量酒店或公寓的所有者，事实上，它不是任何一间屋子的所有者。传统酒店行业的核心能力都与自身拥有的酒店或公寓规模有关，而爱彼迎却选择忽视这种传统，仅仅关注如何发挥自己的平台属性，将人们相互连接起来。他们选择去弱化传统酒店业的核心能力，转而创造了一个庞大的镜像世界，为人们提供住宿。不过有一点我们不能忘记，像爱彼迎这样与真实世界中的基础设施紧密关联的镜像世界，极易被真实世界中的不确定因素与危机事件影响。新冠肺炎疫情全球蔓延以来，截至2020年5月，爱彼迎的销量"腰斩"，公司从原7500名员工中裁员1900人。爱彼迎的估值此前在市场上非常被看好，但在此次疫情中也大幅下降。受真实世界中人们出行与旅行不便的影响，爱彼迎在镜像世界中创造的那个酒店元宇宙也未能幸免。

不做饭的餐馆："外卖的民族"

"外卖的民族"是由韩国最大的餐饮外卖服务提供商 Woowa Brothers[①] 公司于 2010 年 6 月推出的外卖服务。早年间由于在营销推广上进行了疯狂投入，公司最初几年并不赚钱，但从 2016 年起，公司实现了持续增长并开始赢利。2018 年，"外卖的民族"市场份额占到了韩国餐饮外卖市场的 50% 以上，遥遥领先于它最大的两个竞争对手 Yogiyo[②] 与 Baedaltong[③]。事实上，由于广受欢迎，"外卖的民族"几乎已经取得了韩国餐饮外卖市场的垄断地位。

"外卖的民族"最初配送的食物有中餐、快餐、韩国酱猪蹄与韩式水煮肉等，这些都是此前通过电话预订最多的食物种类。自 2015 年起，公司推出了高端外卖服务"外送骑手"（Baemin

---

[①] Woowa Brothers 成立于 2010 年，最初是一家外卖公司，"Woowa"在韩语中的意思是优雅。该公司迅速成长为韩国最大的在线外卖服务公司。——译者注

[②] Yogiyo（요기요）于 2012 年 6 月上线，是韩国的一家外卖平台，支持电脑和手机实时订餐。——译者注

[③] Baedaltong（배달통）成立于 2010 年，是韩国最早的网上外卖服务公司。它曾是韩国继"外卖的民族"与 Yogiyo 之后的第三大在线外卖服务应用软件。——译者注

Rider）^①，增加了许多人们认为不适合外送的食品，比如意大利面、寿司、咖啡、韩定食等。此后，公司不断丰富可以外送的食物种类，甚至增加了配菜以及常见于便利店的小食或主要餐点。"外卖的民族"与爱彼迎有相似之处。爱彼迎没有自己的公寓或酒店等住所，但它提供的服务能够把有住宿资源的人与有住宿需求的人进行匹配；"外卖的民族"提供的服务则是把饭店与寻找外卖的食客关联了起来。

"外卖的民族"的镜像世界元宇宙彻底改变了现实世界中的餐饮体系，一个显著的变化就是共享厨房的出现。顾名思义，共享厨房就是由多家餐馆共同使用同一个厨房。这在传统餐饮业中是不可想象的。设想一家炸鸡店与一家意大利餐馆分属不同公司，用的却是同一间厨房，岂不是很奇怪？但随着餐饮外送元宇宙的扩大，一些新餐馆已经彻底取消了堂食空间与进店客户的接待，转而专注经营外卖餐食。对此类业务感兴趣的读者可以关注目前已经出现的共享厨房这种新形式，理念类似于共享办公间。越来越多的公司建好基础厨房后将它们租给厨师或餐馆使用。截至 2020 年 8 月，韩国前六大共享厨房提供商——WECOOK、影子厨房（Ghost Kitchen）、第一厨房（First Kitchen）、外送厨房（Baemin Kitchen）、青年共享厨房（Young Young Sharing Kitchen）以及月度厨房（Monthly Kitchen）——开放的共享

---

① Baemin Rider 中的"Baemin"是外卖的民族"Baedal Minjok"的简称。——译者注

厨房数量比 2019 年 11 月增加了 72%。这与在新冠肺炎疫情期间受社交距离的影响而大批歇业的传统餐饮业形成了鲜明对比。

对像"外卖的民族"以及爱彼迎这样通过镜像世界向真实世界提供中介服务的业务模式来说，平台上展示的用户点评对客户的影响很大。镜像世界中提供的点评与评级是一种真实世界中并不存在的延伸信息。可是随着这种信息的增加，出现了对用户点评与评级进行操纵的问题。在外送平台元宇宙中，曾经有一些经营企业因为隐藏了客户的差评而收到公平贸易委员会的警告，还出现过专门提供虚假评论的收费业务，"外卖的民族"甚至还向警察举报了。从平台运营商的角度来说，这些问题屡禁不止是因为运营商都希望扩大各自镜像世界的总经济规模；从参与其中的企业个体（"外卖的民族"上的注册餐馆）的角度来说，这些问题源于每家企业都希望能在自己所入驻的镜像世界元宇宙中拔得头筹。如此一来，用户点评与评级虽然是镜像世界中一种重要的信息扩展，但同时也成了形成误导与欺诈的潜在信息来源。

此外，镜像世界中企业用户与客户所承担的额外成本也颇具争议。"外卖的民族"通过收取一定费用，出售平台上的广告与赞助位。比如，你可以付费将自己的餐馆置于同类餐饮企业排名的首位。尽管"外卖的民族"称其将进一步改变排名的算法与广告位的收费方式，但最终的结果是各餐馆不得不通过付费来增加自己的销量。客户从"外卖的民族"订餐，除了外送费，不需要额外支付其他费用。但餐馆支付的广告费最终会包含在餐费中，所以很难说消费者是否获得了"外卖的民族"元宇宙的免费服务。换言之，餐馆与消费者在为这个元宇宙买单。其实仔细想想，这是符合逻辑的。消费者与餐馆都通过"外卖的民族"的外卖元宇宙满足了自己的需求，只是问题在于增加的成本与获得的好处相比，是否物超所值。你可能会认为这项业务能够不断增长足以说明它物有所值，但事实并不尽然。这种类型的镜像世界元宇宙只收取低廉的费用，但会在推广营销上下血本，直到平台上的企业与用户数量达到一定规模。一旦企业与用户数达到某个量级，元宇宙的运营商就开始提高费用。但元宇宙达到什么样的经济规模才算够了呢？那就是当企业用户与消费者都达到被套牢的状态时，由于对平台的依存度太高导致难以脱离这个元宇宙。然而，元宇宙的运营商也需谨记，如果盲目信任这种套牢效应，且单方面对企业用户与消费者的收费进行操纵，整个元宇宙可能会崩塌。如果没有企业用户，没有消费者，镜像世界元宇宙不过是空城中的一张交通网罢了。

比哈佛都难进的学校：密涅瓦大学

密涅瓦大学（Minerva Schools）的总部位于美国旧金山，我之所以使用"总部"而不是"校园"，是因为与拥有操场、大型图书馆、阶梯教室等各类建筑设施的传统大学不同，密涅瓦大学最大限度缩小了线下设施的配置规模，主要聚焦于线上运营。

这所学校会一次性选拔大约 200 名学生，其中 30% 的学生来自亚洲。学校的录取率约为 2%，甚至比录取率为 4%~7% 的哈佛大学与麻省理工学院都低。

密涅瓦大学创办于 2013 年，2014 年开始了第一堂课的教学。这所大学的体系主要有两个独特之处。首先，尽管学生与教授有面对面交流的机会，但是全部课程都是实时远程教学。学生不必聚到同一个地方上课，而是可以任意找一个觉得舒服的地方在线登录教室。教授的授课方式不是单向的讲授。在上课期间，教授讲话的时间平均不超过 15%。课堂的核心是由学生针对某个学习过的主题进行讨论。为此，密涅瓦大学的学生必须提前阅读教授建议的学习材料，为上课做好准备。教授在课堂上的角色与其说是老师，倒不如说是一位控场主持人，能够适时为学生的见解添一把火或是降一降温。当然，他们可不只是辩论主持人这么简单。这些教授全部是各自领域中最资深的专家。通过在线教学平台上的功能，教授可以轻易掌握谁在课堂中发言较少，并通过调整给每位学生平等的发言机会。这个教学平台还可以自动检查学生在上课过程中是否去看了其他屏幕。这样的课程结构会让人感觉每位学生都是直接坐在教授面前上课。密涅瓦大学的教学平台允许最多 40 人同时进入课堂，但为了保证教学质量，每节课的学生人数实际都限制在 16 人，甚至更少。

其次，密涅瓦大学的学生在读期间，会在 7 个国家与地区（美国、韩国、印度、德国、阿根廷、英国与中国台湾）轮换，把当地的酒店当作宿舍。这样一来，学生游历在不同的国家与文化间，有机会深入思考如何把自己在课堂上所学的内容与想法在真实世界中通过实践加以运用。特别值得一提的是，学生参与的是密涅瓦大学所说的"地方性任务"。密涅瓦大学与全球范围内不同的公司与组织建立了一个合作网络，允许自己的学生参与不同国家的当地项目。学校还承接了一些外来项目，让学生参与完成，做到学以致用。

自新冠肺炎疫情暴发以来，世界各地的大学被迫从线下转到线上，开始进行线上远程教学，但显然准备不足，导致出现许多串线与掉线的情况。相比之下，一直通过线上系统开展教学的密涅瓦大学却显得有条不紊。密涅瓦大学的学生只不过是继续通过学校的自主在线平台完成学习。当学生在一些国家受隔离措施的影响难以完成线下项目时，学校会通过开展线上学术研讨，与线下形成联动。

密涅瓦大学成功地将拥有大型校园的线下大学所具备的优势展现在镜像世界中，并在此基础上进一步提升了大学的效率，丰富了大学的内涵。我们来看一看密涅瓦大学与传统大学分别有哪些异同。首先是效率问题。与传统大学一样，密涅瓦大学也有课程体系，教师与学生也在固定时间上课。不同的是，所有课程体系都是围绕远程在线教学开发的，大大提升了时间的使用效率。传统大学中很大一部分运营成本是用于校园内建筑与设施的维护，而密涅瓦大学在这方面的支出降低了很多。传统大学要想做到校园空间 100% 地充分利用非常困难，即使在开学期间也很难做到，更别提在占到全年三分之一时间的假期里，大多数校园设施完全得不到使用，只会白白产生管理费用。

其次是教学的纵深。尽管密涅瓦大学的课堂并没有把学生真实地聚在某个教室，但每名学生都表现出非常高的专注度与参与度。在线平台自动向教师提供学生发言的数量与看向其他屏幕的相关数据，课程均采用开放的小组讨论形式。从教师的角度来看，这无疑丰富了教师的课堂管理手段。此外，学校给学生提供了大量机会，能让学生在不同国家间游学之时体验当地的不同文化，与不同公司合作参与实际项目的运作，这些都大大拓宽了学习的内涵。

很多人可能会认为密涅瓦大学与之前出现的网络大学以及大型开放式网络公开课（MOOCs，也称"慕课"）并无差别。当然，通过互联网进行远程教学的概念是相似的，但其中仍有许多区别。网络大学与各类公开课体系大多是把提前录好的视频课程上传到平台，学生可以随时登录课程自行观看。在这种方式下，教师都是单向向学生讲授知识点，很难检验学生的听课情况与理解程度，更不可能让学生在课程期间进行提问。关于课程的疑问与讨论主要是通过线上留言板以文本的形式提出和进行，但没有足够的措施提升学生的主动参与度。因此，大多数公开课的学生提问与讨论比率大大低于实时课程。举例来说，在一个名为 Coursera 的慕课平台上，某个课程的总学生数达到 10 万，但只有 300 条提问与讨论，这就相当于在一个 50 人的大学课堂上，只提出或发起了约 0.15 个问题或讨论。当然，网络大学会提供常规认证课程，并且与慕课相比，课程由教师与助教进行更为系统化的管理。然而与密涅瓦大学的实时互动课程相比，网络大学课堂中老师与学生的讨论以及学生间的讨论都更少。此外，密涅瓦大学的学生不是仅仅局限于课堂上的理论学习与讨论，而是参与到项目实践中去解决真实世界中的开放性问题，而这些问题是没有明确的正确答案的。这些活动都能帮助学生最大限度地理解与应用所学的知识。

通过把大学校园搬到镜像世界中，密涅瓦大学大大降低了运营成本，提升了学习效率，同时丰富了教师的课堂管理手段，为学生拓宽了学以致用的环境。但这并不能说明密涅瓦大学的教学模式是绝对正确的或是唯一的选择。然而，在远程解决方案日渐普及的大环境下，密涅瓦大学对任何关注教育未来的企业与教育机构来说，都是一个非常重要的研究案例。

Zoom: 遥远的世界，同样的教室

Zoom 是一个视频会议服务软件，新冠肺炎疫情出现以后其业务量激增。Zoom 可以提供多种功能，包括视频会议、聊天、电子投票、小组讨论等。在其上举行的实时会议视频可以被自动录下来并通过云进行分享。

这款软件最初开发的许多功能都是为了服务于企业间的视频会议，但新冠肺炎疫情出现以来，Zoom 在某些国家开始更多地被教育机构用作线上教学的平台。新冠肺炎疫情出现以前，远程教育在各种教育服务中只占很小的比例。2019 年，在线大学课程仅占全部大学课程的 0.92%。而新冠肺炎疫情的突然蔓延迫使许多教育机构切换到远程解决方案，上至大学，下至幼儿园均是如此。但适合远程教育的平台并不多，许多平台不是收费太贵，就是太难使用。所以像 Zoom、思科网迅、微软 Teams 这样的视频会议软件很快便开始在教育领域大放异彩。Zoom 的股价在这样的背景下开始飙升，从 2020 年年初到 2020 年 9 月增长达 6 倍。

随着学校与企业通过 Zoom 把教育从真实的教室中搬到线上，开展远程教学活动，人们开始注意到不同机构与教育工作者的课堂管理风格不尽相同。从前教学活动分别在不同的教室进行，我们并不了解不同老师的教学方法有什么不同。我们不知道老师在教室会做什么，学生们会做什么，师生之间是怎么互动的，双方的体验又是什么样的。但是既然在镜像世界中我们能看到在线教室的情况，所有的教学方法便一览无余。在需要保持社交距离的环境下，Zoom 是一种有效的工具，同时也给了我们一个对真实世界中的教育进行反思的机会。

人们对远程教育通常有三种反应。第一种反应，人们会抗拒像 Zoom 这样的视频会议。这些人通常认为课程完全可以提前进行录制与上传，要求老师实时授课、学生在固定时间听讲，效率比较低。提前录制课程并把它编辑成为观感更加流畅舒适的视频，这种方式有其优势，能让学生摆脱时间限制，为学习提供便利，也很在理。但这个观点有一个硬伤。师生之间、学生之间相互的实时交流是学习过程中至关重要的一环，仅凭提前录制视频无法实现这样的互动交流。也就是说，坚持使用预先录制视频的方式，无异于秉持这样的观点：老师讲，学生听，这就是学习的全部过程。

人们的第二种反应是可以接受 Zoom 上的实时远程教学，但认为互动没什么意义。按照这个想法，教学的场景是这样的：老师讲解内容的同时会展示课件，会露脸，但课堂上的学生关闭了摄像头和麦克风，仅仅是在听。老师没有办法知道学生是否真正在听、在看，甚至对此也不在意。课程的最后，老师告诉学生把问题提在对话窗口中，如果没有问题就下课。这种方式与前面讨论的上传预先录制视频的方式没有本质上的区别。

第三种反应，人们支持在远程教学的同时进行多元化的在线互动。课程一开始，授课教师会问候学生，就好像他们共同在一间教室里一样。老师还会鼓励学生打开摄像头，看看学生的注意力是否集中。在课堂上，学生分小组对学过的内容展开讨论。讨论结束后，每组同学简短地总结各自的观点，并与班上的其他同学分享。老师会组织一些小测验，检验学生对课堂内容的理解，并且会非常小心地确保没有把学生的测验结果暴露给别的同学，以免学生尴尬。老师还可以合理使用投票功能来收集学生的意见，并鼓励学生经常参与课堂活动。如果学生对教学内容有疑问，可以使用聊天室功能或其他工具匿名提交问题。如果你觉得第三种反应听上去有些耳熟，那是因为这正是我们在前文中讨论过的密涅瓦大学所采用的方式。在这种方式下，授课教师并非单向提供课程讲解，而是不断听取学生的观点，鼓励学生自由地展开辩论，并给学生提问的机会。

与学生在线交流时，如果觉得只能在一方小小的窗口中看到对方的脸有些不舒服，可以考虑使用 Teooh[1] 这样的服务。在 Teooh 中，真实世界的讲堂场景被搬到了网上。尽管具体的场景布局有些不同，但这款软件在一个大空间里提供了多种桌椅摆放方式。用户登录这款软件后，可以按照自己喜欢的样貌为自己生成一个化身。通过这个化身，用户可以在讲堂中选择一个座位坐下来，并与坐在身边的人交谈。如果想同其他人讲话，可以换到另一张桌子。

我们所讨论的三种针对远程教育的反应，并不仅仅出现在线上世界中。在有些情况下，如果对在线工具不熟悉，有的教师很难将线下的教学方式调整为适用于远程教学的方式。大多数教师在线上课程中使用的还是线下教学的那套方法。那些支持上传预先录制教学视频的教师，通常在此前的线下教学过程中也把大多

---

[1] Teooh 是一个虚拟活动平台社区，它可以通过虚拟现实技术用化身将分布在世界各地的人聚集在一起，人们可以在这个数字场所内进行协作、交流和共享知识。——译者注

数时间花在了自己的讲解上，学生在被动地听讲。

像 Zoom 这样的视频会议工具在对社交距离有要求的大环境下已经成为人们普遍使用的一种在线教室。这样一个出现在镜像世界中的网上教室能够敦促我们对当前的线下教学方式进行反思，思考这样的方式会带来哪些问题。让全部教育都发生在镜像世界中并不可能，也无此必要，重要的是我们在真实世界中碰面与交流过程中能学有所获。但是在未来，像密涅瓦大学这样既能提高效率又能扩宽学习边界的远程教育，将会更加广泛地出现在整个教育领域。希望你能想想未来在镜像世界中可以设计什么类型的教室，这些教室又应该如何与真实世界中的教室进行关联。

Upland：区块链中的镜像世界

Upland（http://upland.me）是一个房地产交易游戏平台，玩家可以在这个元宇宙中买卖 Upland 世界中的地产。像谷歌地图一样，Upland 中的地产均体现为现实世界中的真实地址。Upland 有一套自己的货币，叫 UPX，可用于 Upland 世界中的地产交易。2020 年下半年，每 1000UPX 在真实世界中的价值等同于 1 美元。首次在 Upland 中注册的用户会获赠 3000UPX。

第一次登录 Upland 时，你会看到旧金山与纽约市的地图，也可以看到一个待售地产的清单。你可以查阅清单，并用 UPX 购买任意心仪的地产。当然，这些地产在真实世界中属于别人，

Upland 中的虚拟交易不会对真实世界中地产的所有权产生任何影响。你也可以将自己在 Upland 中购置的房产重新投入市场，以更高的价格出售来获利，也可以通过完成这个元宇宙中设置的一些任务来获取更多 UPX。我在 Upland 中就持有旧金山的几处地产，这些地产随着时间的推移会增值。如果你能够按要求集齐一些地产，达到某种设定条件，你的资产利润率还会进一步提高。

Upland 中使用的 UPX 以及地产所有权等信息都是通过区块链技术来确保数据安全的。Upland 服务器中不会出现某个简单标记着"金相允"的数据库，还在旁边配一个标着"20000PUX"的盒子。相反，所有权信息通过区块链技术进行保护，即使服务器出现问题或遭到黑客攻击，用户的 UPX 与资产信息仍然能够安然无恙地得到保存。

Upland 在 2020 年 1 月推出这项业务之初，使用的是旧金山地区的地产信息，2020 年 9 月增加了纽约市曼哈顿地区。未来 Upland 计划推出一种商业模式，允许用户将 UPX 与真实世界中的货币进行兑换。由于 Upland 中的财产与 UPX 信息都通过区块链进行管理，因此信息非常安全，不存在伪造风险。基于此，Upland 的战略目标是实现 UPX 与真实货币的双向兑换。在一个完全以真实世界地图为蓝本的镜像世界中，将其中发生的经济活动与现实世界中的经济活动关联起来，这是一个非常精巧的商业构思。

Upland 的企业宣言是"为每个人在现实与虚拟世界的十

字路口创造乐趣与新机遇"。在 2018 年年末的首次投资动员中，Upland 获得 200 万美元的投资。主要投资方是 EOS 区块链网络的开发商 Block.one 公司。Upland 与我们儿时玩的桌游《大富翁》有相似之处。在《大富翁》中，我们在游戏板上移动时，可以购买自己的落脚点所在的土地，并在上面建造楼房。之后如有其他玩家停在我们名下的地产上，我们可以使用游戏纸币进行交易，通过向其他玩家收取使用费来赚钱。通常大家会围着一个标记着各种地名的游戏板坐成一圈进行游戏。Upland 借鉴了这款游戏并丰富了它的最终呈现效果，比如应用了像谷歌地图一样的详细地图，支持多桩地产交易，甚至使用了强大的区块链技术。如果 UPX 与地产交易最终只是发生在镜像世界中，那么这款游戏无异于一个升级版的《大富翁》。但如果按照 Upland 的计划，希望将游戏机制与真实货币联通，我们有可能看到一种全新的经济形式出现，通过区块链加密货币把现实世界与镜像世界打通。

Kakao 王国：一个吸引 94.4% 韩国人迁居于此的世界

你在智能手机上会使用哪个通信软件呢？截至 2018 年，韩国有 94.4% 的人在使用 KakaoTalk。2018 年趋势研究机构（Trend Monitor）的一份研究报告显示，使用类似 KakaoTalk 这样的通信软件的用户多于使用语音电话的人。无论我们在哪个网络，使用哪种型号的手机，只要通过智能手机进行通信，大多数人使用的都是 KakaoTalk。作为智能手机中最核心的应用软件之一，Kakao 公司出品的 KakaoTalk 已经成为大多数韩国人最常使用的手机软件。KaKaoTalk 最初作为一项免费的通信服务被推向市场时，并没有单独的盈利模式。由于操作便捷，这款软件吸引了大量用户，但人们也担心这家公司仅凭免费服务想要活下去并非长久之计。然而，从早期阶段起，Kakao 公司就一直在为最终取得盈利铺路，它走了一条积累"客户群价值"的路线。

消费者在产品与服务上能感知到的价值大致有三大块：产品与服务的独立价值、配套产品的互补价值，以及客户群价值。消费者体会到的产品与服务价值就蕴含在这三大元素中。独立价值指的是产品或服务本身的价值，与其他配套产品或消费者没有关系。互补价值指的是能够从原产品的附带产品、周边产品以及配套服务中获得的价值。客户群价值指的是用户间的关联性。这种类型的价值与某种产品和服务的消费者数量有很大关系。对 KakaoTalk 来讲，它的独立价值主要在于使用是否便捷、功能是否丰富；互补价值取决于与它相关联的其他外部服务与应用软件的情况；客户群价值取决于有多少好友与同事会使用这款软件。假如我认识的人中无一人使用 KakaoTalk，我与朋友就无法相互分享信息，那么我使用这款软件就没有意义。从这点上来说，KakaoTalk 最大的优势就在于它吸纳了韩国 94.4% 的用户。

KakaoTalk 的月度用户数量据粗略统计位列第一（截至 2019

年 12 月，平均用户数为 2743 万），比排名第二的 YouTube 多出约 300 万名用户。KaKao 公司通过 KakaoTalk 建立起来的客户群体量非常庞大，超过韩国任意一家大型公司。KaKao 公司充分利用了这种优势，源源不断地把真实世界中的各行各业吸引到自己的镜像世界中。

Kakao 公司的镜像世界中融入了许多线下行业，我们列举一二。在交通运输领域，Kakao 公司提供出行路线指引、呼叫出租车、代驾服务、卫星导航、公交路线信息、地铁路线信息、停车场搜索等诸如此类的服务；在金融领域，Kakao 公司提供在线支付服务 KakaoPay、线上股票交易与银行服务 KakaoBank；在媒体行业，KakaoPage 提供网络小说、网络动漫以及纯文学等内容服务，KakaoTV 运营电视业务；甚至还有 KaKaoHairshop，提供美发沙龙的预约服务。

我不知道 Kakao 公司还会把真实世界中的多少行业拉到自己的镜像世界元宇宙中。到 2020 年 8 月，Kakao 公司已经成为韩国第九大最具价值的公司，市值与排名第八的现代汽车公司非常接近。只要 Kakao 公司培育起来的庞大客户基数不崩塌，Kakao 世界将会持续壮大，并在人们日常生活的方方面面扎下根来。

创造出艾滋病疫苗的数字实验室

医学研究需要实验室，特别是如果要在短时间内完成非常复杂的课题研究，则需要有一个非常大的实验室近乎不眠不休地投入工作。在此，我来介绍一个已经在镜像世界中实现上述特征的实验室。

华盛顿大学一位从事蛋白质结构研究的教授戴维·贝克（David Baker）在 2008 年开发了一个 Foldit 项目。病毒纤突蛋白通过附着在人体细胞表面致病，而治疗药物中所含的独特蛋白质结构可以阻断纤突蛋白与人体细胞的互动，从而阻止感染。蛋白质是由各种各样的氨基酸链组成的，结构十分复杂，而且不同结构的蛋白质功能也不一样。华盛顿大学研究团队的 Foldit 项目向公众开放了一个线上实验室，人们在其中可以有不计其数的方式对氨基酸链进行折叠。进入实验室后，如果你成功折叠出一种能够匹配病毒纤突结构的蛋白质，系统会给你一个得分，并且会提升你的排名。与计算机随机检测所有循序排列的蛋白质序列相比，没有任何专业知识的人可以通过反复尝试折叠找到蛋白质的最优结构，这个结果是出人意料的。计算机虽然有更快的处理速度，但人的直觉与创造性在摆弄三维空间中复杂的蛋白质结构时具有更大优势。

Foldit 从 2011 年起获得了广泛关注。找到某种治疗艾滋病病毒所需的蛋白质结构是一个困扰了科研人员 10 年的难题，一直没有得到解决，然而这个挑战却被 Foldit 中 6 万名参与破解游戏的玩家在 10 天内攻破。这项成果被刊登在 2011 年 9 月 18 日的《自然结构和分子生物学》（*Nature Structural &*

Molecular Biology）杂志中一篇题为《蛋白质折叠游戏玩家破解单体逆转录病毒蛋白酶的晶体结构》（Crystal Structure of a Monomeric Retroviral Protease Solved by Protein Folding Game Players）的文章中。

2020 年春天，华盛顿大学研究团队又在 Foldit 中上传了一个重大的挑战任务。该挑战任务是要对 SARS-CoV-2 蛋白质的结构进行研究，以期找到应对新冠病毒的方法。截至 2020 年 9 月，约有 20 万人登录过这个大型在线实验室，进入这个元宇宙，参加到解决这场流行病的实验合作中来。尽管其他制药公司或实验室研制出了疫苗，但并不意味着这 20 万人的努力没有意义。因为病毒的特性决定了它们会随着时间的推移不断地变异，而通过 Foldit 提前获取大量的蛋白质结构设计对于我们应对不断变异的病毒大有助益。

除了 Foldit，还有许多其他运行在镜像世界中的网上实验室。普林斯顿大学教授塞巴斯蒂安·宋（H. Sebastian Seung）创建了一个叫作"EyeWire"的网站，用来勘绘老鼠视网膜中的神经元连接结构。按照 2018 年的一份出版物所述，科学家们根据网上实验室中参与者通力合作的绘制成果，发现了 47 条连接眼睛与大脑的全新视觉通路。此外，加拿大麦吉尔大学推出了一个名为"Phylo"的网上项目，目的是寻找基因序列中的错误。短短两年内就有 2 万人参与，并发现了 35 万处序列错误。

病毒与疾病总在源源不断地出现，威胁着人类的安全。为了应对这些问题，研究人员在网上的镜像世界中创建了许多实验室，即使是此刻，全世界仍然有不计其数的志愿者正在这些镜像世界中通力合作，试图解开疾病的奥秘。在急需效率提升与手段扩展的领域里，镜像世界切实找到了用武之地。

《癌症似龙》：悲伤之镜

《癌症似龙》（*That Dragon, Cancer*）是由瑞恩·格林与艾米·格林夫妇为了纪念孩童时期死于癌症的儿子所开发的一款游戏。大多数游戏通常体现的都是虚拟世界的特征，但我们把《癌症似龙》放在镜像世界这一章来讨论，并不是因为它讲述了一个虚拟故事，而是因为这个游戏讲述的是真实世界中乔尔·格林短短 5 年的生命历程。

游戏的主人公叫乔尔，2010 年下半年被诊断出患上一种儿童期癌症，这时距离他出生还不到 12 个月。确诊之初，大夫预计他大概只有 4 个月的寿命，而他顽强地坚持了 4 年。《癌症似龙》以瑞恩与艾米陪伴在乔尔身边时所感受过的痛苦为基调，在第一与第三视角间不断切换。游戏重现了乔尔与他的父母经历过的事件，玩家通过在游戏中做决定、移动角色等任务推动游戏剧情。

虽然我说它是一个镜像世界，但游戏并没有照搬真实发生的悲伤与痛苦。举例来说，乔尔绕着医院骑小车的场景被做成了一个小小的赛车游戏；乔尔知道自己时日无多时的场景，在游戏中呈现的是乔尔在灌满水的屋子中苦苦挣扎，非常逼真。可是，游戏的结局也没有背离实际。你可以像孩子的父母一样触碰这个水中的孩子并将他托举到水面，但最终，他再也上不去了。无论你玩多少次这个游戏，总是同样一个悲伤的结局。

《癌症似龙》的设计在于能够让玩家沉浸式地感受乔尔与他父母的悲伤。这样的故事我们通常会在戏剧或小说中遇到，一方是故事的讲述者，另一方是故事的倾听者。但在《癌症似龙》中，玩家体验到的情感并不是通过语言传达的，而是直接进入故事的镜像世界中，通过在情境中做出选择、移动以及触碰某些事物，逐渐去理解与感受主人公所经受的苦难。

在本章的开头，我就提到过镜像世界独有的特点就在于它效率高、扩展性强。到目前为止，在我们讲过的镜像世界案例中，很多商业模式都充分运用了上述特点。但镜像世界之所以存在，要归功于我们人类所拥有的镜像神经元。未来我们可能会看到更多能够引起人们情感共鸣的镜像世界元宇宙。

我想引用《癌症似龙》的开发者之一艾米·格林在 2017 年的一期 TED 演讲节目中说的话作为本节的结尾：

> 我们做了一款并不容易玩下去的游戏。但是于我，这种感觉才对。人生中这段至暗的时刻深刻地改变了我们，这一

世无论还能成就些什么，似乎都失去了光华。历经劫难之苦，方知美梦之轻。谢谢。

元宇宙的未来与阴暗面故事四：平等幻境

我想介绍一个名叫"平等幻境"的元宇宙。这个元宇宙还未真实出现过，是我写的一个短篇故事中的元宇宙。在"平等幻境"中，主人公在现实生活中一生都被困在地下设施中。他们在地面上创造了一个镜像世界，把自己的替身送到这个镜像世界中代替他们生活。我们创造镜像世界本是为了拓宽真实世界的边界，让生活更加舒适。但讽刺的是，在"平等幻境"元宇宙中，真实世界与镜像世界却相互颠倒，本末倒置。

希望你在阅读这个故事时，会动用"智人"特有的想象力，思考镜像世界元宇宙可能会带来什么样的问题，你希望镜像世界元宇宙是什么样子的，以及未来可能会出现什么样的镜像世界元宇宙。

平等幻境

"金女士……金多恩女士，请您醒一醒。好了，睁开眼睛看看我吧。"

在陷入冷冻多年后，温暖开始逐渐回到多恩的身体。血液带着体温，一路从心脏流向了脚趾、手指甚至眼皮。几束光从多恩双眼的缝隙中透了进来。冷冻几十年，一朝解冻，多恩睁开眼睛，看到光亮中的五个身影。

"我……我这是在哪儿？"

"太棒了。她的各个器官都正常，人已经恢复意识了。多恩女士，一会儿您会经历一阵剧烈的头痛，不过您以后不会记得的。从您2025年确诊终期白血病以来，您已经处于休眠状态很久了。"

2025年，白血病，休眠。多恩沉睡已久的记忆被一股脑儿唤醒。

"我们现在唤醒您，是因为我们已经有了能够完全治愈白血病的药物，并且已经具备把病人从休眠状态中安全唤醒的技术。稍早些时候，我们已经为您安排了治疗，所以您不必担心。从此您又能过上健康、快乐的生活啦！"

"祝贺您，金女士！"

"您的脸上又有了血色，气色看上去比之前还要好，太不可思议了！"

"您说得对，我简直不敢相信我们眼前的是一个活生生的真人。"

站在多恩床边的几个人穿着白大褂，你一言我一语地聊着。多恩眨了眨眼，又眨了眨，开始觉得诡异。面前所有看着她的人，皮肤都呈现明亮的粉色，而且全部长得一模一样。

"我知道这一切来得太突然了，莱斯利一会儿会跟您慢慢解释。现在您不妨先小睡一会儿。"

几小时后，多恩再次睁开双眼。一个人坐在她床边，名牌上写着"莱斯利"。

"金女士，接下来我需要您仔细听我所说的话，"莱斯利说道，"我知道您很困惑，但实际上您的情况已经非常不错了。"

多恩陷入沉睡之后，外面的世界发生了翻天覆地的变化。臭氧层遭到破坏，太阳辐射笼罩了整个地球。在永久冻土层融化后，古老的病毒被释放出来，人类四处寻找避难所，最终躲进了地下的隔离设施中，各自分隔。不甘生活在地底下的人类，每个人都控制一个自己的替身，替他们在地面生活。多恩看到的那五个亮粉色的人，都是别人在地面的替身。

"可是为什么所有替身看起来都一样？除了身上的名牌与穿戴的衣饰不同，每个人都有同一张脸，一模一样。"

"我听说，这些替身当初之所以这么设计，就是为了创造一个完美的平等世界，再没有歧视。这是很久以前的事了。人人都有同样的亮粉色皮肤、同样的身高、同样的模样，这样就不会有人知道别人的性别、种族或年龄。语言也是一样的道理。您讲自己的母语时，您说的话在传到听者耳中时就会转换为他的母语，这样一来，没有人能知道对方的国籍。我自己都不知道我的同事是男是女，年龄多大，来自哪个国家，又属于哪个民族。"

"但你们是怎么……？"

莱斯利打断了她："您可以在这里再待些时日，之后您也会被转移至地下一个单独为您准备的地堡房间，然后会有一个替身分配给您。哦，对了，您的名字多恩以后也不能再用了。到时候您需要选一个看不出来性别的中性名字。替身的操控并不难……"

多恩发现自己难以集中注意力再听莱斯利说些什么。她感觉整个身体像融化进了床垫之中，再一次陷入了沉睡。等她再次醒来，已经是几个月之后了。床边坐着一个人，名叫菲尼克斯——至少名牌上是这么写的。第一次唤醒她的那个人就是她。菲尼克斯递给多恩一副小小的眼镜。

"金女士，您的父母给您留了一大笔遗产。他们投资的资产在您休眠期间疯狂增值。因为我知道您有这样的实力，所以我想问问您有没有兴趣买一副这样的特制眼镜？"

"这是什么？"

"我得先跟您坦白，这些眼镜不太合法，但您也绝对不会被发现的。大多数有钱人都会戴。如果给您的替身戴上这样的眼镜，您就可以看到其他替身的性别、年龄、国籍和种族，您甚至能看到他们的受教育程度、财富水平、宗教信仰与职业，就像游戏中出现的状态条一样。如果您不知道面前的替身是什么身份，或者说操控这些替身的都是什么人，您不觉得有些别扭吗？但有了这种眼镜，您就什么都知道了。我也想买一副，但是我没有那么多钱。不过如果您能买一副的话，我可以赚一点儿佣金的。"

"所以，你是说别的替身不知道我是谁，但我能知道他们是谁？"

"没错，您的理解能力真强，所以您觉得怎么样？要不要买一副？您一定得在离开这里之前做好决定。"

千头万绪在脑中盘旋，多恩的神思逐渐飘向远方。她看到了还未进入休眠前 20 多岁的自己，与朋友们围坐在一间咖啡馆里闲聊。奇怪的是，她们都有同一张脸，亮亮的，粉粉的。那是一个本不该出现替身的世界，因为当时还没有那个必要，但对多恩来说，面前的朋友们早已是一个个粉红色的假面人了。

金相允

2020 年 6 月 29 日

第五章

元宇宙形态之四：
虚拟世界

新世界 + 交流 + 玩乐 = 虚拟世界

终于，我们来到了第四大元宇宙：虚拟世界。在增强世界元宇宙中，我们通过在现实的基础上叠加虚拟图像与事物，或者套用奇妙的世界观与故事逻辑，创造出了新的世界。在生命日志元宇宙中，我们通过文字或图像等各种形式分享各自对生命的记录，相互鼓励。镜像世界像一面镜子一样，把真实世界搬进了元宇宙，并能够让我们拓宽真实世界的边界，用更高的效率实现更多的目标。最后一种元宇宙，即虚拟世界元宇宙，完全是由真实世界中不存在的全新世界组成的。

虚拟世界元宇宙是一个与真实世界完全不同的地方。生活在这里的人看到的是不一样的空间、时间、文化背景、人物类别与社会体系。这容易让人联想到尤瓦尔·赫拉利所著的《未来简史》中第一章的内容。人类追求永生不老和无尽的快乐，希望成为具有"神性"的人。在我们为自己创造的这些新世界中，人类与人类创造的人工智能角色共同存在。可是，现实世界已经足够纷繁复杂，总有做不完的事情等着我们，又是什么吸引人们不辞辛劳地聚集到这些虚拟的世界中来呢？

在虚拟世界中，人们并未以真实样貌示人，而是通过虚拟形象存在的。这样做的吸引力有几方面的原因。首先，人类热爱探索。当我们徜徉在虚拟世界中，看待其中的世界观、人生观、运作规则、故事情节、地形构造以及物品设置时，总会有一种科学家或探险者的心态，希望能获得新奇的体验。其次，人类喜欢交流。在虚拟世界中我们可能会遇到真实世界中的老友，也可能与素昧平生的路人攀谈一二。在交流的过程中，我们对故交有了更深的了解，也与真实世界中的陌生人成了朋友。最后，人类喜欢成就感。当我们按照自己制订的计划完成一件事或获得一些成绩时，我们能体会到一种成就感与自豪感。在虚拟世界中，人们可以收集物品、积累数字资产，也可以追求获得更高级别与权限。当成功劝说其他朋友加入我们的行列，按照我们的意愿共同达成一个目标时，我们会感受到巨大的喜悦。

广义来看，虚拟世界可以分为两种，一种是游戏类的，另一种是非游戏类的。广大游戏玩家耳熟能详的《魔兽世界》《堡垒之夜》《天堂》等游戏都属于游戏类的虚拟世界。在具有比赛性质的虚拟世界中，人们按照一定的规则相互竞争或相互合作，目的在于决出胜者或达成共同的目标。还有一种社区类的虚拟世界，比如《罗布乐思》（Roblox）与《第二人生》，这种类型的游戏目的在于为不同的人提供可以一起活动、一起交往的场所。我们在本章后面的部分会更加详细地研究《魔兽世界》《堡垒之夜》《罗布乐思》。

虚拟世界中的人群普遍比真实世界中的人群年轻。年青一代对虚拟世界表现出的喜爱常常令一些长辈或家长感到困惑甚至担忧，特别是如果他们的孩子非常享受这个元宇宙时更是如此。他们会说："你在现实世界中也可以体会到探索的快乐、沟通的乐趣、获得成就的喜悦，为什么一定要去虚拟世界？"当然，虚拟世界中并不是只有孩子。我在给学生家长做讲座时，有时会被问到一些控诉另一半的问题："我家那口子，下班一进家门就钻到游戏中去了，一个成年人为什么会干这样的事？"不管是孩子还是大人，进入虚拟世界的原因是相似的。因为在现实世界中，人们的猎奇心、沟通欲与成就感，无论在数量上还是质量上，都没有得到满足。

学校的孩子们什么时候能体会到探索的乐趣呢？尽管他们每天都在学习新的东西，但我们忙着给他们脑中塞满信息，却没有给他们时间彻底钻研每一点知识。工作之后，有多少成年人还常有探索的机会呢？他们忙着优化自己的工作，忙着提高客户数量、销量、工作效率，忙着改善种种绩效指标。他们太忙了。我们每年可能都会抽一个星期出去旅行，但由于身心疲倦，很难有精力在所到之处再去发现什么新奇之物。对一路埋头向前的人或是一路按部就班的人来说，其实并没有多少探索新事物的机会。

交流互动同样也是一个挑战。在工作中，我们每天要参加很多会议，接打许多电话，还要回应各种通信软件上多到令人发指的信息。但这是否意味着我们真正进行过充分的交谈？孩子们虽然每天大部分时间都在学校与朋友们在一起，也做一些课外活动，但他们看到的都是教学材料，听到的都是老师的声音。下次从工作单位或学校回到家时，问问自己："我对自己今天与人交流的情况满意吗？"满分10分，给自己打一个分，然后再问问自己："今天我最享受的社交活动是什么？"如果出现在你脑中的只不过是与同事在茶水间的几句闲聊，或是在校车上与伙伴的短暂交谈，或许我们还需要一些其他形式的沟通。

你觉得你为学校或工作单位成就过些什么？在孩子们眼里，什么才是学校评判他们成功的最高标准呢？考试成绩、在校排名、获得的荣誉，这些已经成为评价体系的一些基本标准，可即使是这样，也只有在这些方面表现抢眼的人才会得到认可。在工作单位，我们付出的哪些心血对组织与公司是有意义的，很多时候并没有清晰的界定，更别提我们付出的努力很少得到应有的认可。人生中最重要的许多年月，我们都是在学校与工作单位中度过的，然而想在其中找到成就感却是那么难。

我们在现实世界中缺失的探索机会、交流深度与精神满足并不见得一定会在虚拟世界中得到弥补，但是有一些探索、一些交流、一些成绩的取得只能通过虚拟世界来完成，而且很多事情在虚拟世界中发生的效率要比在现实世界中高。与此同时，在现实世界中，探索、交流与成就感的体验在很多方面都有待提高。如果你想知道"我们生活在现实世界中，虚拟世界的体验对我们能有什么意义"，这正是我在本章想要解释的问题。虚拟世界已经与真实世界并行存在了。我们将会讨论现实世界中哪些不足需要由虚拟世界来弥补，也会探讨虚拟世界元宇宙在现在与未来会是什么模样。

少年野蛮人的游乐场

有人担心沉浸在虚拟世界中的人会有暴力倾向，因此特别担心自己的孩子在虚拟世界的某些游戏中会表现得行为暴戾、无所顾忌。其实，每个人在年少时都有过张牙舞爪、不计后果的时候。

人类大脑的额皮质区域需要 20~22 年才能成熟。这个区域位于人的额头后方，掌控人的冲动，负责时间规划与管理，让我们能够有批判性、有逻辑地思考。同时，它还参与制订我们的目标执行计划，在这个过程中主要负责思考，并在计划实施之前对我们的语言与行为进行过滤。然而在孩童时期，人类的额皮质区域并没有发育完全，所以无论在现实世界还是虚拟世界，有时候他们表现得暴戾冲动、做事情没有章法，也是正常现象。我们再来看一看多巴胺、睾丸素、皮质醇等与人类情绪相关的激素。

多巴胺与刺激相关，它在人身体中的含量在出生后的 20 年间不断增加。这就意味着在 20 岁之前，人会一直想要寻求更大的刺激。睾丸素与支配行为相关，它在人体内不断增加，20~30 岁达到顶峰，男女都是如此。随着睾丸素水平的升高，人们想要通过力量赢过别人或压制别人的意愿也在不断提高。当多巴胺与睾丸素的水平达到顶峰之后，会随着年龄的增加而递减。而与均衡相关的皮质醇则与这两种激素的规律恰恰相反。皮质醇主要在人们情绪失衡或处在压力之下时分泌，起到快速稳定情绪、保持均衡的作用。然而，孩童的皮质醇水平在他们 20 岁之前是一路下降的，也就是说，在孩子长大之前，他们根本没有保持情绪平衡与稳定的意愿。初高中阶段的孩子，激素水平可以总结如下：一方面，不断提高的多巴胺水平促使他们不断寻求刺激，同时由于无法控制体内不断增加的睾丸素，当与人发生冲突时，他们往往会诉诸打斗的方式求取胜利；另一方面，由于体内的皮质醇水平较低，他们并不在乎这种刺激因素与战斗欲望会导致自己处于情绪失衡与不稳定的状态。

在初高中的年龄，人类的大脑与激素都不够成熟，所以可能会导致他们有一些不安定因素。在汉斯-格奥尔格·豪塞尔（Hans-Georg Haüsel）所著的《大脑面面观》（*Brain View*，韩译本名为《大脑与欲望揭秘》）一书中，作者描述孩童的大脑与情绪状态时，用了这样一个词——"少年野蛮人"。听起来或许有些苛刻，但事实上这是一个非常恰当的类比。因为他们是一些年轻的小野人，在为人处世与身体发育上都没有完全成熟，因此孩子总是怼天怼地四处寻衅，在虚拟世界中也是如此。在这里，我并不是想说孩子的这些行为既然都是"由激素与大脑发育的原因导致的"，所以不需要担心，相反，重要的是我们要了解导致儿童暴躁与鲁莽的主要原因并不是他们进入过虚拟世界。无论在现实世界还是在虚拟世界中，这个阶段的孩子像橡皮球一样，随时会向不知什么方向的危险蹦去。在这两个世界中，我们都需要紧密地观察孩子，关心他们的状态，以免他们出现情绪失衡，犯下一生难以弥补的严重错误。

有一种情况极为罕见，但确实出现过。有一些被丢在野外或从囚禁中获救的小孩，一直处于与其他人隔绝的环境里。不管他们会不会像《森林王子》中的莫格利一样能与野生动物交流，这些孩子回到文明社会中学习人类的语言时都异常艰难。人类的大脑在出生之后生长非常快，在前三年重量会增长一公斤左右。在这段时间，在蛮荒之地长大的小孩的大脑还没来得及学会人类的语言以及与人沟通的能力，就停止发育了。在处理孩子与元宇宙关系的问题上，我们应当从上述事例中吸取教训。有一些家长会把智能手机或电脑丢给年幼的孩子，允许他们每天看好几个小时YouTube或玩网络游戏。但我们绝对不可以在孩子还没有学会如何在真实世界中与人交流的情况下，就任由孩子进入元宇宙。就像从野外救回来的孩子一样，常年泡在元宇宙中长大的孩子会发现自己几乎无法与人在现实世界中交流，最终逐步陷入绝望与孤独。未来一定会出现更加多元化的元宇宙，其中的社交与经济活动也一定会不断得到丰富，然而，毋庸置疑的是我们的孩子一定首先要学会在真实世界中行走。

在前文中，基于孩子的神经系统与激素的特点，我们把他们描述为"少年野蛮人"。家长和老师应该如何应对这些有时会撒野的孩子？如果你的孩子还没有学会与现实世界中的人得体地交流与互动，只表现出对虚拟世界的兴趣，你会怎么办？如果你已为人父母，我建议你想一想你与孩子的关系是什么样的。人与人的关系可以分为两种，一种是交换关系，另一种是共享关系。交换关系是人与人之间具有交易性质的一种关系。在这种关系里，不同的人为了达到某个目标所扮演的角色不同。举例来说，如果人们之间是点头之交，或者是需要商业合作，或者是为了项目能拿到好成绩需要与团队进行合作，这些人际关系都属于交换关系。而共享关系是由友谊与挚爱连接而成。这样的关系不是为了取得成就或获取利益，而是一种在意对方幸福与快乐的关系。想一想你与自己的孩子之间是哪种关系？你觉得父母与孩子、老师与学生之间必定是分享关系吗？如果一种关系建立在信任、依恋以及强烈的心灵相通上，无论这两个人的社会角色是什么，这种关系都可以成为一种共享关系，关键在于要给予爱、形成依恋、彼此相通。

有一种掌控人类双相情感的重要激素叫催产素，它能让人们感觉亲近，更容易接纳别人的思想与行为，也能帮我们设身处地为别人着想，从而解决问题。但如何才能产生大量催产素，实现这样美好的情景呢？你需要在肢体上与思想上都能常常向对方温情地表达你的情绪。如果你们是一家人，你每天都可以多拥抱对方几次，告诉对方与他们在一起你很快乐；如果做错了事，你应该真诚地道歉；如果心存感激，你应该说出来并身体力行地表达谢意。有时候即便你已经全心全意地表达了你的感受，对方也可能没有完全感知到，但是你不能指望什么都不说、什么都不做就让对方理解你。那些压抑自己全部情绪的"坏小子"或"硬骨头"，其实只是"傻"孩子而已，傻在不懂人情世故，不善言说喜怒哀乐。有时候大众媒体会把"坏小子"塑造成令人喜爱的形象，但在现实世界中，压抑一个人的情感绝不是什么值得骄傲的事情。我希望你能习惯于表达自己的情感。与其担心该如何兑现给孩子的承诺，或者纠结于孩子食言之后应给予什么样的惩罚，不如更加关注如何与孩子建立一种共享关系，与孩子心灵相通。一旦建立起这样的关系，你便无须那么担心自家的那个小"野蛮人"了。

超人的乐土

英国哲学家及政治学家约翰·洛克把人类比作"一张白纸"。在他看来，人类出生时，思想犹如一页空空的白纸，随后人类用怎样的一生来书写这张白纸，最终就形成了怎样独特的自己。与之相反，柏拉图却认为人类是带着先天知识出生的。在《斐德若篇》（*Phaedrus*）中，柏拉图称我们的今生是由前世决定的。他认为在前世追求过真理的灵魂能够获得在今生成为艺术家或音乐家的最高奖赏，而前世未得圆满的人会在今生成为皇室成员、政客或哲学家。有趣的是，柏拉图自己就是一位哲学家，而非艺术家，可他却认为具有不竭创造力的艺术家与音乐家才算得上人类的最高成就。

再来看弗里德里希·尼采对理想人类提出的一个哲学概念，叫作"超人"（Übermensch，字面意思是"超于人"）。不过尼采所说的"超人"不是我们通常所说的"超级英雄"，而是像它的字面意思一样，指的是超越了自己的人。他们摆脱了当下社会运转体系的约束，不受常规社会伦理的制约，能够充分地表达自我并创造无限可能。这样理想的人类能够挑战现状、战胜危险。尼采认为要想成为"超人"，需要经历三次蜕变。按顺序来排，依次是骆驼阶段、狮子阶段与孩童阶段。骆驼一生都背着重重的负担，它代表着遵守社会既定规则、符合社会预期的人，他们过着顺从的人生，在沉重的负担下抬不起头。狮子会使用锋利的爪子，逢佛杀佛，逢祖杀祖。它一路扫除前路的阻碍，获得不断向前的动力。尽管它可能并不知道想要的究竟是什么，但狮子有这样的勇气去挣脱传统的束缚。孩童象征着天真与纯洁。他们对骆驼与狮子的经历没有任何偏见，很快会忘记不开心的记忆。他们喜欢自己制定游戏规则并乐在其中，也会无条件地接纳自己的生命体验，像享受游戏一样享受自己创造的人生。

在现实世界中，我们什么时候能够像艺术家与音乐家一样按照自己的心意创造新奇的事物？在现实世界中，我们是像骆驼、狮子还是孩童一样在生活？在虚拟世界中，人们总是在追求新意。他们参与新任务、获得新物品、设计新战略，如果尝试失败也不会绝望，因为在游戏中他们可以读取存档并继续游戏，再尝试新的战术以求取得胜利。他们只是简单地享受创新的过程。我们可以在虚拟世界中尽情地追寻新奇的事物，而不必背上苛责与失败可能带来的负担。在虚拟世界中，我们成了狮子。尽管虚拟世界中也有长期的管理制度、执行统治的强劲力量，但我们仍然能以自己的方式像狮子一样去反抗，破除万难。与此同时，我们像孩童一样心思澄明地一起玩耍。游戏输了或是进展不顺利都没关系，因为我们很快就忘掉它继续玩耍了。在虚拟世界元宇宙中，人成了柏拉图眼中的高级人与尼采眼中的超人。

有的人会贬低虚拟世界的价值，因为他们认为虚拟世界中的活动对现实世界没有什么意义。但是与在真实世界中一样，一个人在虚拟世界中的全部选择与活动同样构成了这个人生命体验的一部分。我们读书的时候，虽然没有直接移动身体、触摸实物，却从间接的体验中学到了很多。同理，我们在虚拟世界元宇宙中获得的体验与我们在真实世界中的生活是相辅相成的。

在游戏《美国陆军》（*America's Army*）中，有一个需要玩家扮演医疗兵的培训任务。有一天，一位名叫帕克斯顿的玩家在高速路上驾车时，恰好遇到前面的一辆 SUV 翻车。看到事故的人们纷纷围了上去，这些人惊恐万分，但没有人采取恰当的措施。帕克斯顿想起了自己在《美国陆军》游戏中作为一名医疗兵救人的情景。于是他鼓足勇气，把受困的乘客从倾覆的车里拉了出来，并采取了一系列紧急救治措施，还把伤者的胳膊举过头顶以减少出血。最后，这名玩家对伤者进行了安全的看护，直到医护人员赶到现场。

2017 年，一位 79 岁的老人驾车行驶在爱尔兰的街道上时失去了意识。在他昏倒的时候，身体向前倒去，一只脚卡在了油门踏板上。这位老人 11 岁的孙子也在车中，坐在他的旁边。小男孩一只手摇着爷爷，试图唤醒他，另一只手抓着方向盘躲避可能撞到的障碍物，慢慢地把车速降下来，直到最终停下来。小男孩说，情急之下，他想起了玩驾车游戏时的感觉，最终冷静地做出了反应。

2001 年，《天堂》游戏的一名玩家遇到了一个紧急情况。他的一位家人在生小孩的时候失血过多，生命垂危。这位母亲的血型是 O-（Rh 阴性 O 型血），很难找到对应血型的捐赠者。这名玩家想到了自己在《天堂》中常常碰到的其他玩家。于是他登录游戏，留言说明家里的亲戚急需输血。他并不确定会有多少人响应，因为游戏中的伙伴在真实世界中并不相识，他只能尽力一试。《天堂》的开发团队在游戏中针对这份需求发布了正式公告，之后短短 5 分钟内就有人提出要去为这位母亲献血。《天堂》团队专门为这位献血者独创了一个武器，名叫"生命之剑"。

还有不计其数这样的事例，向我们展示了虚拟世界与真实世界千丝万缕的联系。诚然，虚拟世界中的体验对现实世界产生的影响不一定都是正面的，但这就是生活的真相。即便在真实世界中，我昨天的经历，有可能是照进今天的一道光，也有可能是笼罩今天的一团霾。我希望我们能够一起创造一个这样的虚拟世界元宇宙，它能给我们提供绝妙的体验，并让我们的真实世界充满光彩。

心理模拟平台

如果把一群学生分成三组，要求 A 组的学生想象自己为了准备一次考试而勤奋学习，要求 B 组的学生想象自己在为已经取得的好成绩庆祝，对 C 组的学生没有做特别的要求。你觉得实际考试结束之后，各组的成绩会是什么样？在这种实验方式下，A 组学生的考试成绩明显好于另外两组，B 组与 C 组的成绩则不相上下。

接下来，请一些学生写下他们目前所经历的焦虑。通常学生们写的大多是来自学习成绩的压力，或是与家人或朋友关系不够融洽的压力。现在我们把这些学生也分为三组，做一个类似的实验。我们要求 A 组的学生想一想导致压力的原因是什么，对自己造成的影响有哪些，如何解决这样的问题，以及他们感受到了哪些情绪。对于 B 组，我们要求学生们想象一下如果这些压力都烟消云散，自己会有多么舒适。同样，我们不对 C 组做任何特别要求。一段时间之后，三组学生接受了压力应对能力的测试。A 组学生面对压力时，会确立各自的应对方案，展现出的压力处理能力也大大提高。B 组与 C 组相比，测试结果没有什么不同。

在这些心理模拟实验中，我们把 A 组采用的方式称为"基于过程"的模拟方式。他们在想象中对任务意图进行了解读，并预演了执行过程。B 组采用的是一种"基于结果"的模拟方式，把注意力集中到了想要达成的目标上。可以看出，"基于过程"的模拟方式对取得积极的结果大有助益。在虚拟世界中，我们需要接受各种全新的挑战，学会与不熟悉的人打交道，与产生误解的老友达成和解。我们在虚拟世界中的这种体验与心理模拟实验产生的效果有异曲同工之处。

此外，我们很容易通过观察其他人在虚拟世界中的行为进行学习。比如，我们会观察别人运用了什么战略才完成了看上去不可能完成的任务，与人起冲突之后别人是如何妥善处理的，发现新物品与新领地时应做出什么选择。通过这样的观察，我们获得了更大的自信心与更强的执行力。这种通过观察进行学习的过程也被称为"替代性经验"。与在现实世界中一样，在虚拟世界中获得的替代性经验对我们的帮助极大。我们看着别人经历挑战、不断尝试与犯错时，会与自己进行横向比较，经过消化与处理后应用到自己的生活中。虚拟世界的优势在于替代性经验与同类事物的横向比较来得更快、内容更多元。

刚刚我们讨论了心理模拟与虚拟世界的关系，以及在虚拟世界中通过观察获得的替代性经验对我们有什么样的影响。但这并不意味着我们应该画地为牢，一整天都待在虚拟世界中。我们再来做一个实验。同样还是把实验对象分为三组。A组去公园附近游玩，不过需要坐在轮椅上被人推着去。B组在一间屋子里走动，需要盯着一面白墙看。C组只需要静静地坐在一间屋子里。之后，我们再去考量他们的创造力时会发现什么差别呢？结果B组表现出的创造力最强。尽管他们只是盯着一面白墙，没有坐着轮椅去看公园中美丽的风景，但似乎动起来就有助于提高创造力。与静坐在屋里的C组相比，去公园中看风景的A组表现出的创造力更胜一筹。这个道理听上去平淡无奇，但要知道我们的大脑与身体是紧密相连的，当我们的身体动起来时，就可以激活与唤醒大脑。是的，我们可以享受虚拟世界带来的好处，但积极地参与真实世界才是提高生活质量的不二法门。

《魔兽世界》，新冠肺炎疫情时代之前的瘟疫大战

概括来讲，人类的大脑喜欢追求三种情绪：支配感、刺激感与平衡感。所谓支配感，是我们在战胜别人、赢得比赛或发号施令时所体验到的满足感。刺激感与探索发现有关，一场全新的视

听盛宴、一段陌生的旅程、一个新近结交的朋友，都会带来这样的体验。平衡感是人将自己置于一种稳定状态的需求，是人在遇到危险、恐怖与不确定性时趋利避害的本能。

简单来说，我们进入元宇宙，特别是虚拟世界的原因，是我们在现实世界中没能充分感受到上述三种情绪。我们来深入研究一下这个问题。不同的交通工具在我们的大脑中产生的情绪不同。从功能上来看，它们的目的都是把我们从一个地方运送到另一个地方，然而我们骑自行车、乘公交车与驾驶一辆敞篷跑车时的体验却截然不同。乘坐公交车时，我们想到的是公共交通系统的持续性与到达目的地的高效率，因此体验到的是平衡感。但开跑车时，我们感受到的是一切尽在掌握的支配感，伴随着酣畅淋漓的刺激感与出尽风头的快感。你的爱人或伙伴就算每天在上下班路上已经开了两小时车，回家之后也喜欢在晚上过一过赛车游戏的瘾，就是因为他们希望体验刺激感与支配感，而不是平衡感。但是，人们在游戏提供的虚拟世界中并非只是无节制地追求刺激感与掌控感。有时人在虚拟世界中经历的一切远比在真实世界中更加动人、更加高尚。为此，我想来讲一个发生在《魔兽世界》中堪比电影大片的故事。

《魔兽世界》通常简称为 WoW，是游戏英文名"World of Warcraft"的首字母缩写。它是由游戏开发公司暴雪娱乐（Blizzard Entertainment）制作的一款大型多人游戏。同样出自暴雪之手的还有《星际争霸》，当年正是这款游戏催生了韩国的职业游戏产业。《魔兽世界》是一个虚拟世界元宇宙，2004 年首发，直至今天仍在运营，并且依然深受广大玩家的喜爱。在这个虚拟世界中，有 13 个种族、12 种主要职业。在地理区域上，整个《魔兽世界》由艾泽拉斯大陆、外域与德拉诺等大陆板块组成。游戏中的总陆地面积据估计至少比韩国的总面积还要大。在游戏的巅峰时期，世界各地有 1000 多万名玩家被吸引到这个元宇宙中来。

2005 年 9 月 13 日，一个巨大的威胁逼近了《魔兽世界》。有一个名叫哈卡的灵魂剥夺者出现了。这个怪兽首领可以通过一种病毒感染进入某个区域的所有玩家。被感染的玩家会不断掉血，直至死亡。幸运的是，这种病毒仅会在某个特定区域出现，一旦离开这里，这种疾病效果就会自行消失。然而一个漏洞出现了。在《魔兽世界》中，猎人职业有一项技能，可以驯服野生动物，并把它们当作宠物带在身边。问题的源头就在这里。猎人玩家带着宠物从哈卡的领地出来之后，就自行痊愈了，但宠物没有。离开哈卡的地盘之后，宠物身上的病毒效果并没有消失，它成了病毒携带者，迅速把整个疫情蔓延到游戏中的其他区域。当猎人进入主城时，宠物身上的病毒感染了身边的其他玩家，甚至 NPC（非玩家控制的角色，这些角色是为了游戏设定与故事逻辑而存在的，但它们是由计算机算法或人工智能控制的，玩家无法左右）。被感染的 NPC 让整个局面雪上加霜。许多 NPC 的设定是自己会不断回血，不会死亡。由于玩家常常需要与这些不会死去的 NPC 接触，大量玩家成片地被感染。整个元宇宙在这场瘟疫的肆虐下陷入了混乱，《魔兽世界》中的玩家开始组织自救，各司其职。

扮演"治疗者"的各种职业开始免费治疗被感染的玩家，一些玩家组成了志愿军，带领人们逃离感染人数众多的区域，同时封锁了疫情的重灾区，阻止里面的人离开。在这个过程中，很多治疗者与志愿军玩家被感染。但也有一些人借机兴风作浪，唯恐天下不乱。有人故意把别人引到感染区，有人在明知自己被感染的情况下故意前往人群密集的地区，还有人把无用的药剂卖给别人，声称这是治愈疫病的良药。突然有一天，虚拟世界中的这场瘟疫戛然而止。暴雪出手了。这个元宇宙的运营商直接修改了怪兽哈卡的参数，以避免这个问题再次出现。一场风波就这样归于平静。

受这个事件启发，以色列的传染病研究员冉·巴里切尔（Ran D. Balicer）在医学期刊《流行病学》（*Epidemiology*）上发表了一篇主题为虚拟世界中传染性疾病的发端与传播的论文。许多媒体也对《魔兽世界》中的这场风波展开了讨论，包括英国广播公司。美国疾病控制与预防中心（CDC）甚至向暴雪求取此次事件的数据记录，用于传染病的研究。

读完《魔兽世界》中哈卡病毒的故事，你有何感想？这一幕，在 2020 年被新冠肺炎疫情撼动的现实世界中似曾相识。很多人做出牺牲，投身到抗击病毒的事业中，也有人利用这种混乱中饱私囊，大发不义之财。我们的社会体系需要如何进步才能阻止与战胜传染性疾病？社会中的每一位成员需要如何承担自己的职责、约束自己的行为？要找到这些问题的答案，我们需要搜寻大量史料，其中也应包括书写在《魔兽世界》元宇宙中的那些历史。

《罗布乐思》元宇宙，儿童主宰的世界

第一眼看上去，《罗布乐思》与我们在镜像世界那一章中探讨过的《我的世界》有很多相似之处。与《我的世界》一样，《罗布乐思》也是一款沙盒游戏。它是由戴维·巴斯祖奇（David Baszucki）与埃里克·卡塞尔（Erik Cassel）成立的罗布乐思公司在 2004 年创建的一个元宇宙。

《我的世界》的核心理念是像拼乐高一样，使用不同种类的方块来搭建自己的世界。就像我们在镜像世界那一章所讲，许多人可以在《我的世界》中重新建造现实世界中的各种建筑、场所与物体。与此类似，《罗布乐思》中的玩家可以使用一种叫作"罗布乐思工作室"的工具自行创建各类游戏，比如射击类、策略类以及沟通类游戏。在《我的世界》中，如果购买了这款软件，你就可以自由地创造自己的世界，不受其他条件的约束。《罗布乐思》与此不同，它有自己的货币体系，叫作 Robux 币。用户可以用真金白银购买 Robux 币，也可以在《罗布乐思》元

宇宙中赚取 Robux 币。Robux 币可以用来装饰自己的角色或购买各种配饰，也可以用在其他玩家创造的世界中，购买那里的物品。

2019 年，《罗布乐思》的用户数达 9000 万之多；到 2020 年，用户数已经突破 1.15 亿。这款游戏的主要用户是 6~16 岁的青少年。在美国，半数以上不到 16 岁的孩子都会玩这款游戏。《罗布乐思》平台上的用户数量比美国其他以青少年为目标客户群的公司都要高。2018 年的数据显示，美国 13 岁以下儿童在《罗布乐思》上花的时间平均是在 YouTube 上的 2.5 倍，是在网飞（Netflix）上的 16 倍左右。孩子们在游戏中同时具备多种身份。他们可以进入其他用户创造的世界，成为其中的玩家，也可以是一名创造者，搭建空间供其他玩家来玩耍。越来越多的青少年通过自己的想象在这个元宇宙中建造自己的虚拟世界，还能把自己搭建的世界向其他用户开放，由此赚一些钱。甚至有的孩子已经在一年的时间内赚到了上百万美元，还雇用了员工帮他来打理自己急速膨胀的新兴帝国。

《罗布乐思》与社交媒体（参见第三章）也相互关联。孩子们进入对方的世界一起玩耍时，会建立友谊，在平台上互加好友一起聊天。然而有一些成人会潜入这个孩子们的世界，带去一些问题。在澳大利亚，曾经有个成年用户给游戏中的未成年人发送了许多带有色情性质的信息。也曾有人在其中发布过代表纳粹主义的万字符图片，上传过粗俗下流的图像。在现实世界中，我们有警察、检察官与法院对这些问题进行管束，但是在《罗布乐思》这样的虚拟世界元宇宙中，并没有具有绝对法律职权的权威组织机构。当然，元宇宙的运营公司首先会持续地介入，阻止这种问题，并且会在问题真的出现时通力协作、快速响应。处理虚拟世界中的问题有两条原则。第一，如果用户违反了虚拟世界中的规定，他们会在一段时间内被禁止参与元宇宙的任何活动，也有可能被永久删除账号。第二，如果虚拟世界元宇宙中出现的问题已经触犯了真实世界中的法律，这个问题将交由现实世界中的民法机构进行处置。

我们一定要看一看《罗布乐思》元宇宙在未来会发展壮大到什么程度，并且要看一看现在主宰着《罗布乐思》的这些年轻人在长大成人后又会创造出什么样的新世界与元宇宙。

成年人在看到孩子们在《罗布乐思》中做的事时，通常会有两种观点。一种是觉得孩子们玩的这个游戏与其他网络游戏相比更具正面意义，因此会松一口气；另一种是觉得孩子们在这个游戏中不过是漫无目的地嬉闹、聊天、东游西逛，因此非常不悦。德国诗人与剧作家弗里德里希·冯·席勒在《审美教育书简》中表达过如下观点：人类同时拥有两种欲望，一种是感观的、物质性的欲望，另一种是理性的、精神上的欲望。把这两种欲望统一在一起的，是潜藏在我们体内的游戏冲动。游戏解放了人类，赋予人类美。只有实现了自由与美的人才能追寻真正的意义。哲学家伊曼努尔·康德认为游戏令人乐在其中、自在如意的原因就是它不具有目的性。当你的孩子自由自在地在虚拟世界元宇宙中快乐地玩耍时，我希望你可以从旁静静观察，甚至加入他们漫无目的的游戏中。这样，我们才能更容易感知那些获得自由与美的人才能去追求的至高境界。

虚拟世界中的时光穿梭：《荒野大镖客》与《赛博朋克2077》

时光穿梭这个主题常常出现在各种小说、电影、电视剧与网络漫画中，由此看得出，时光穿梭大概是许多人的梦想。这个梦想其实已经成为可能——至少目前已经在虚拟世界元宇宙中出现了。在此我想介绍两个代表不同类别的时光穿梭元宇宙。它们一个通往过去，一个通往未来。

第一个叫作《荒野大镖客》（*Red Dead Online*）。这是一个回到过往的虚拟世界元宇宙，由摇滚之星游戏公司（Rockstar Games）运营管理。游戏真实再现了1898年美国西部荒野年代的现实主义景象，到处充斥着不法之徒与治安警官的冲突。

游戏玩家可以选择扮演不同的角色，比如赏金猎人、商人、收藏家等。赏金猎人会根据村庄或车站等地张贴的通缉令追捕罪犯，把罪犯押送给治安警官之后会获得一笔赏钱。玩家也可以忽略游戏中给各个职业设定的游戏任务，单纯地体验在这个世界中的生活。比如，去广袤天地间领略风光，去山林狩猎，去河里捕鱼；看到陷阱中的猎物，可以把皮扒掉售卖，或者制成其他物品；捕到鱼后可以架堆篝火尝尝烤鱼；遇到走私的酒贩子可以为他们跑腿赚赚小费，看到钓鱼比赛可以加入碰碰运气，捞条最大的鱼；可以与元宇宙中的其他人开火交战，也可以去往远方搜寻奇珍异宝；有的时候选一片安静的地方扎寨露营，欣赏欣赏美景，放松放松心情，感觉也是极妙的。

《荒野大镖客》的整个地图面积非常大，约 7500 万平方米，几乎相当于首尔面积的八分之一。你可能觉得这个面积不算什么，但想象一下，如果仅凭两条腿或一匹马在真实世界中同等大小的区域内移动，你就会意识到这是一片多么广袤的地域。

在元宇宙中，我们还可以直接跨越到未来，进入像《赛博朋克 2077》一样的未来世界中。《赛博朋克 2077》由波兰游戏开发工作室 CD Projekt Red（CDPR）所创。游戏背景设在 2077 年位于加州北部一个名叫"夜之城"的都市中心。玩家进入的是一个由各种街头帮派与大型公司掌控的反乌托邦式的未来世界。这里科技极其发达，城市未来却晦暗阴森，社会保障体系在这个世界中几乎全面崩塌，只有资本主义法则大行其道。

夜之城是一个警示，它让我们看到一个现代社会的大都市在彻底陷入堕落之后会是什么样子。这里一面是高耸入云的摩天大楼，密密麻麻，遮天蔽日，一面是垃圾成堆的幽暗街巷，游荡着毒瘾成性、无家可归的人。这里没有中产阶层，只有精英阶层与陷入赤贫的底层人民。窘迫到走投无路的人为了一两个铜板不惜杀人放火，到处都是为了在圈层中活命而不得不抄起武器或改造自身机能的人。

在夜之城中，人们可以通过机器改造或强化自己的身体。胳膊、腿、眼球以及各种器官都可以进行替换。例如，可以把眼球换掉，在其中增加许多扫描选项，等目光扫过路人时，就可以看出对方的犯罪记录与职业。人们的脖子后部安有一个装置，类似于电影《黑客帝国》中尼奥用来连接虚拟世界的插口。这个装置与我们之前提过的脑机接口类似。夜之城中的居民可以通过它与计算机相连，体验虚拟世界的生活或进入别人出售的记忆。

夜之城中还有一套对人的评级系统。投过某种保险的富人等级最高。一旦他们出现危险，由安防部队与医护人员组成的"创伤小组"会立即出动到达他们的位置，采用任何必要的措施展开营救。

可是，对希望穿越几十年进入未来的人来说，《赛博朋克2077》中的夜之城只是一个想象中的虚拟世界元宇宙吗？如果我们客观、仔细地审视如今的世界，就会发现这样的景象：贫富悬殊不断扩大，社保体系难以为继，脑机接口与人体机能强化成为企业的研究对象，商业保险与私人安保业务蓬勃发展。如果我们意识到这一点，还能确定未来的世界不会是夜之城的样子吗？人们花时间进入《赛博朋克2077》元宇宙是出于对未来的好奇与渴望，但我想没有人愿意这款游戏中的体验在现实中成真。

人类与人工智能机器人在元宇宙的较量

人工智能是一个吸引了广泛关注与讨论的话题。我们在阿尔法围棋（AlphaGo）与围棋九段选手李世石的较量中已经看到，人工智能以软件与数据的形式存在。因此，人工智能也是虚拟世界中不容小觑的一种力量。在虚拟世界中，人工智能通常发挥三种功能。第一，用来管理虚拟世界中的 NPC 角色。在一款游戏中，需要有各种各样的角色来构成一套连贯的世界观，推动剧情的走向，形成玩家之间的互动。如果一些角色比较中立，需要执行的任务重复性较高，或者如果由真人玩家来扮演会过于无趣，那么这些角色就会由 NPC 来替代，通过人工智能对其进行控制，让它们像真人一样在游戏中活动。这些角色对于丰富人们在虚拟世界中的体验非常重要。因为总有一天，人工智能会在日常生活中普及，无处不在，而人们对于如何与人工智能交流和共处会有一些复杂的情绪，有些担心，又有些兴奋。在虚拟世界元宇宙中，随处可见人工智能 NPC 角色。如果它们面无表情，总是做出机械性的回应，我们会觉得失望；但如果一个人工智能形象灵动自如、细腻精巧，感受堪比真人，我们会非常惊喜。其实在虚拟世界中，我们已经在演习如何与人工智能机器人和人工智能程序共处了。

第二，通过人工智能管理整个虚拟世界，特别是用人工智能来分析虚拟世界中的各种现象、找到问题并加以处理。一个由多人同时使用的元宇宙，哪怕在一天之内，都可以积累出海量数据。如此体量的数据需要用人工智能进行分析，帮助我们对未来人们在元宇宙中的行为做出预判，对其中的规则进行调整。

第三，有些看似是玩家，实则是人工智能程序的机器人被安插进虚拟世界中，服务于某些用户。我们把这些人工智能程序称作"代理机器人"（bots）。这些代理机器人可以在元宇宙中代替玩家操作角色。与 NPC 不同，代理机器人对角色的控制与真人对角色的操控方式一样。举例来说，假设我在元宇宙中是一个猎人，但我不想直接操控我的角色，于是我会使用一个代理机器人来替我操作。你大概会想："你来到元宇宙就是因为想要享受这个世界，为什么反而找一个人工智能机器人替你来控制自己的人物？"其实这与每个人在游戏中的个人选择和目的有关。进入元宇宙为了体验交流与探索乐趣的人不常使用代理机器人，使用它的通常是想在游戏中把人物快速升级、四处炫耀的人，或是想快速集齐某些物品以出售给其他玩家来赚钱的人。

代理机器人的使用在大多数游戏中都是被禁止的，甚至在现实世界与虚拟世界中的许多地区会被认定为违法行为。这是因为把代理机器人当成买卖来做的人会给元宇宙造成难以计量的问题。代理机器人可以被装到许多台电脑中，通过少数几个人就可以管理操纵，在元宇宙中收集物资。通常这种做法被称为"机器人农场"(bot farms) 或"掘金农场"(gold farms)。由于大量代理机器人可以同时在元宇宙中不知疲倦地进行操作，使用代理机器人的玩家可以垄断虚拟世界中的资源，正常用户无法再获得任何资源。这就背离了游戏开发商对元宇宙的设计初衷，经济体系与资源稀缺性在这里遭到破坏，元宇宙中的通货膨胀开始形成。

20 年前发行的网络游戏《巨商》（*The Great Merchant*）中曾经出现代理机器人泛滥的问题。这款游戏的背景设定在朝鲜王朝时期，用户在这里可以通过商贸往来赚钱，也可以通过战斗让自己的角色成长。

在《巨商》中，玩家可以在元宇宙中的村庄里建立一些被称作"公会"的大型基地，但吞并一个公会需要投入大量资源。与正常玩家通过直接控制自己的人物来收集资源不同，由程序自动控制的代理机器人可以组团而来，一刻不停地采集资源，慢慢从其他玩家手中窃走大量公会。你可能也想到了，这个元宇宙中有对非正常操作进行举报的功能，然而结果却是代理机器人的使用者普遍会对举报他们的游戏玩家进行打击报复，导致清理这个元宇宙中的代理机器人越发困难。另外，许多元宇宙为了给用户提供最佳的使用体验，会限制同时进入某一个区域的用户数量。由于代理机器人持续主宰着这些区域，正常用户完全无法进入。有一些物品只能在规定时间内使用，但由于用户无法在有效时间内进入元宇宙，导致购买了上述物品的用户大为恼火。正常用户终日被代理机器人搅得苦不堪言，于是最后玩家们关闭了《巨商》的 Fan Café 论坛（游戏玩家的互联网社区），开始集体抵制这款游戏。

代理机器人引发的问题在许多元宇宙中屡见不鲜。有时候用户发现被代理机器人操纵的人物后会攻击并杀死它，但有些代理机器人是被设定为群体出现的，它们会围攻并杀死这些攻击它们的正常玩家。这些元宇宙本是为人创造的，但最终却被人工智能绑架。当然，站在背后操纵这些代理机器人的，总归是贪得无厌的人类。

这些问题常常造成正常用户、代理机器人用户与元宇宙运营方之间的矛盾。尽管我们在这里讨论的事件只出现在《巨商》游戏中，但我很难不去联想，故事中由少数人控制的人工智能机器人把人类推向世界边缘的事情不会出现在现实世界中。我们创造人工智能是为了把人类生活变得更加美好，可是如果人工智能成了一小部分人的特权，如果掌握了人工智能就可以轻易统御与控制整个人类，我们很有可能看到人工智能与人类形成对立的局面，就像在虚拟世界元宇宙中已经多次出现的情景一样。在急于开发人工智能技术并将其商用之前，有必要对元宇宙中已经出现的人工智能问题做一些深入思考。

进入虚拟世界的公司：商业广告式微，《堡垒之夜》崛起

《堡垒之夜》是由艺铂游戏公司（Epic Games）开发的一个"大逃杀"（battle royale）类的元宇宙。"大逃杀"指的是摔跤比赛的一种类型，多位摔跤选手进入摔跤场地比拼，最后一位

留在场地的选手成为赢家。后来，这个脱胎于职业摔跤比赛的说法，逐渐扩展到其他采取类似方式的竞技比赛与游戏中，即多人同时比赛，最后活下来的人胜出。

新冠肺炎疫情蔓延期间，艺铂游戏公司在《堡垒之夜》元宇宙中为著名说唱歌手特拉维斯·斯科特（Travis Scott）举办了一场演唱会，用整个虚拟世界作为舞台。开场曲目唱响的瞬间，斯科特像一个巨人一样降临。其间每次更换曲目时，斯科特的扮相也随即改变。在一个场景中，斯科特周身燃起大火，随着整个背景被烈焰吞没，斯科特涅槃变身，成了一个半机械人。在另一首动感十足的曲目中，斯科特带领《堡垒之夜》的玩家腾空而起，一起飞向太空。这场演唱会，足足吸引了 1230 万名观众。

《堡垒之夜》还与耐克合作，将耐克在现实世界中的产品带进元宇宙。耐克旗下的空中飞人系列（Nike Air Jordan）装备在这个元宇宙中的商店里售价为 1800V 币（游戏中的虚拟货币）。这套商品系列被嵌套进游戏中，如果有玩家购买了这个系列，并且完成了游戏中的特定任务，还可以获得额外的福利。《堡垒之夜》与漫威也进行了合作，把漫威电影中各种超级英雄使用的武器在游戏中重现。这样的合作代表了一种新型的创收模式。像耐克与漫威这样看上去与虚拟世界元宇宙没有关系的公司，把自己在现实世界中的知识产权授权给虚拟世界元宇宙来使用，并从中赚取收益。截至 2020 年 5 月，已有超过 3.5 亿人进入过这款游戏。从花样繁多的商业合作来看，艺铂游戏公司应该不只是把

《堡垒之夜》定位为一个单纯的"大逃杀"游戏，而是会尝试把它打造成自己旗下一个包罗万象的综合世界。

目前如果要网上购物，我们需要打开浏览器，登录邮箱，然后打开一个窗口后再次登录。如果想要使用通信软件，我们需要打开应用软件后再去登录。许多人预测这种互联网的使用方式以后会改变。他们认为我们会在一个统一的元宇宙中工作、购物、与他人交流，就像在真实世界中一样获得综合的体验。尽管现在要说出这样的元宇宙会是什么样、由谁来创造还为时尚早，但《堡垒之夜》未来的走向与动态值得我们密切关注。艺铂游戏公司的创始人蒂姆·斯威尼曾经希望把《堡垒之夜》打造成一个源于游戏但高于游戏的世界。他说虽然目前《堡垒之夜》是款游戏产品，但他不确定未来《堡垒之夜》会走向何方。与此同时，亚马逊前员工、现风险投资人马修·鲍尔指出，《堡垒之夜》有可能发展成为我们此前想象中能够涵盖一切的元宇宙。我相信几年之内，《堡垒之夜》能为我们呈现的将不只是它现在的模样。

奢侈品时尚行业的虚拟世界之行：路易威登与《英雄联盟》的合作

2019 年下半年，法国奢侈品牌路易威登与拳头游戏公司（Riot Games）开发的游戏《英雄联盟》（*League of Legends*，简称"LoL"）展开了一项合作。这家奢侈品牌的母公司是路易威登集团（LVMH），其旗下有约 60 家子公司，涉及时尚、化妆品、配饰等领域。

《英雄联盟》的游戏背景设定在一片叫作符文之地（Runeterra）的行星之上，围绕大约 150 名英雄人物展开争斗。每名英雄都有不同的职业属性或子属性，比如刺客、战士、坦克、法师等。到 2019 年为止，《英雄联盟》同时在线的用户数峰值超过了 800 万。英雄联盟全球总决赛（LoL World Championship）保持着所有电竞赛事中最高的收视纪录。大家来感受一下这个规模：2018 年 11 月，英雄联盟全球总决赛的决赛大战吸引了 9960 万观众，几个月后的 2019 美国橄榄球联盟超级碗（NFL Super Bowl）年度冠军赛也不过只有 9820 万观众收看。

路易威登与《英雄联盟》以两种方式进行合作。第一种是在游戏中使用带有路易威登标志的皮肤。游戏中的皮肤可以用来改变角色的外观或玩家的游戏界面，对应到现实世界，类似于我们穿的衣服或房间内的壁纸。如果玩家想要自己在游戏中的角色穿上路易威登的服装，需要花 10 美元购买一个路易威登的皮肤。

第二种合作方式，是在路易威登现实世界的产品里融入《英雄联盟》中的图标与人物角色，直接把该系列产品命名为"LVxLOL"联名款进行销售。奢侈品与体育赛事进行搭档的理念听上去是否有些奇怪呢？这些联名款产品的售价与路易威登其他产品系列的售价差别不大。比如，一件印有《英雄联盟》图案的连帽衫约为 3000 美元，同系列中的皮夹克售价约 6000 美元。

路易威登还为 2019 年度全球英雄联盟总决赛的冠军奖杯定制了带有路易威登标志性字母印花图案的皮箱。

路易威登与《英雄联盟》的合作并非游戏和奢侈品时尚行业的首次跨界合作。早在 2016 年，路易威登就使用过史克威尔艾尼克斯公司（Square Enix）开发的游戏《最终幻想 13》中的一个角色来做模特。这个角色就是有着亮粉色头发，手持长剑的女主角雷光。2012 年，雷光还为普拉达品牌做过模特。

2020 年 6 月，英国奢侈品时尚公司博柏利推出了自己的原创游戏。一家全球奢侈品时尚公司竟然会制作游戏，是不是很不可思议？但如果了解了这家公司的目的，你大概就不会觉得奇怪了。博柏利推出的是一个冲浪竞技游戏，名叫《B Surf 冲浪小精灵》。用户可以通过博柏利的主页登录游戏，免费与世界各地的其他用户体验一把冲浪比赛的乐趣。在进入比赛之前，玩家需要选择一套服装与冲浪板，而所有可供选择的物品都是博柏利的 TB 夏季专属标识系列产品。博柏利给每位进入这个元宇宙中的玩家赠送一套虚拟的冲浪服装，寄希望于 Z 世代玩家会喜欢元宇宙中的这些产品，并会在真实世界中使用。

这并不是博柏利首次试水游戏制作。2019 年，博柏利带来了一款叫作《弹跳小鹿》（B Bounce）的小游戏。游戏玩家可以为他们的小鹿角色选一套 TB 专属标识图样的羽绒夹克，然后操控角色向月亮的方向蹦跳。这款游戏在 6 个国家发售，包括英国、韩国、美国、中国。游戏排名最高的玩家还可以获赠一件博柏利夹克服。

市场营销代理公司 PMX 曾预测，到 2025 年，Z 世代将占据全球 45% 的奢侈品市场。他们也是路易威登和博柏利未来的目标客户群。这些奢侈品牌涉足游戏行业，正是为了摆脱自己过去偏成熟的形象，为与 Z 世代直接建立沟通所做的尝试。像《我的世界》《罗布乐思》《堡垒之夜》这样的大规模元宇宙，同样也把目标对准了年青一代。如果一家公司想把产品更高效地推广给年青一代，与其绞尽脑汁地把他们拽进现实世界中，倒不如打入潜在客户常常光顾的元宇宙。相比真实世界，用户在元宇宙中更容易快速获得各种产品全方位的深度体验。这正是即使你所在的公司或机构与游戏、数据技术或信息技术没有什么关联，你也应该对元宇宙多保持一点儿关注的原因。

科幻电影走进现实：《头号玩家》与《半衰期：爱莉克斯》

《头号玩家》是一部改编自恩斯特·克莱恩同名小说的电影，由导演史蒂文·斯皮尔伯格执导，并于 2018 年上映。电影中描绘了一个虚拟现实游戏，名叫"绿洲"。影片背景设定在 2045 年，当时城市都掌握在各大公司的手中。上百万生活在贫困地区的人通过虚拟现实设备进入绿洲快意人生，以此逃避晦暗无光的惨淡现实。影片中登录绿洲所用的虚拟现实设备与我们现在使用的虚拟现实设备非常相似。

在影片中，一手创造了绿洲的大股东哈利迪临终前留下了一份遗嘱，声明他将把绿洲的运营权与自己的全部股份留给能找到他藏匿在游戏中的彩蛋（游戏、电影、书籍中的隐藏信息或功能）的人。为了找到这个珍贵的彩蛋，企业巨头"创新网络实业公司"（Innovative Online Industries，简称 IOI）派遣了一批自己的雇员，全力以赴开始搜寻。影片主要讲述的是一个名叫韦德·沃兹的小伙子与 IOI 公司斗智斗勇，历经磨难，最终第一个找到彩蛋的故事。

这个叫绿洲的虚拟现实游戏就是一种虚拟世界元宇宙，它有很多值得我们玩味的地方。

首先，我们有没有可能开发出一个具备"绿洲"水准的虚拟世界元宇宙，能让置身其中的人被扑面而来的真实感所包围。到目前为止，在逼真程度上能够代表当下最高水平的虚拟现实游戏当属 2020 年 3 月发售的《半衰期：爱莉克斯》（*Half-Life：Alyx*）。这款游戏讲述的是人类抵抗外星人入侵的故事。《头号玩家》与《半衰期：爱莉克斯》所呈现的世界观有很大不同，我们在这里仅关注技术层面，如果用现阶段最高水准的虚拟现实游戏与电影中的虚拟世界"绿洲"相比，高下如何？如果想在游戏《半衰期：爱莉克斯》中获得较好的体验，需要使用最高配置的电脑与虚拟现实设备，因为这个游戏文件本身就有 48G 之大。

体验过这款游戏中虚拟现实技术的人无一例外会感到惊艳。人们给予它极高的评价，认为与此前的虚拟现实内容相比，这款游戏在玩家眼前呈现出的图像细节精致了许多，手里拿着某件物品时甚至会有重量感，而且游戏中出现的几乎任何物体都可以直接触摸与操控。然而，依然有许多功能还没能完全实现。比如，当拿起一件东西时，你体会不到接近真实的触感，也很难做出一个允许用户通过走、跑、跳等方式控制角色移动的空间。虽然现在已经有一些虚拟现实设备可以部分实现触感的传递或对跑动的感知，但无论在功能上、商用性上还是经济可行性上，它们与影片中绿洲的配套设备都相去甚远。

究竟如何做才能提高虚拟世界元宇宙中的逼真感尚未可知。或许采用手套与眼镜的形式会成为虚拟现实设备的惯用标准，也有可能我们之前提过的"脑机接口"形式的设备会更加普遍。不过，考虑到技术的可行性与安全性，目前采用前一种方式的商用研究方向比较多。如果换一个角度，我们或许应该想一想，是否真的有必要实现这样的技术，让人在虚拟世界中获得与真实世界无异的体感，或者说是否本就没有研究这种技术的必要？创造一种技术，完美再现真实世界中的感觉，一旦造成人们无法分辨真实世界与虚拟世界，很有可能会出现难以预料的问题。我们必须广泛听取各方意见，包括哲学界、宗教界及法律界，审慎地考虑人类是否需要这样一种技术，来模糊真实世界与虚拟世界的边界。

其次，影片中大型企业 IOI 命令员工登录绿洲去搜寻彩蛋的事情也值得思考。此前我们讨论过《魔兽世界》中的哈卡风波，当时是游戏开发商暴雪直接介入游戏，与用户站在同一条阵线上，共同阻止了传染的蔓延。尽管暴雪的员工并没有佩戴虚拟现实设备，但他们的工作场所实际上就是一个虚拟世界元宇宙。我相信未来一定会有更多只需要在虚拟世界中开展的工作。未来需要有这样的员工在元宇宙中维持秩序、给用户提供帮助、寻找特定物品，甚至举办演唱会。亚马逊前员工、现风险投资人马修·鲍尔认为，未来在虚拟世界元宇宙中会有很多不错的工作岗位需求。据他预测，生活在郊区的人能够以较低成本买房，他们有可能通过虚拟世界元宇宙为自己谋一份营生，同时免去诸多通勤的麻烦。什么是一份好工作的标准呢？如果一份工作完全是在虚拟世界元宇宙中进行，完全独立于真实世界，你愿意做吗？如果有人对我说："我们要在虚拟世界元宇宙中创立一所大学，您愿意来我们学校任教吗？"我一定会谨慎思考，非常小心地做出选择。

政客涉足元宇宙：拜登在《动物森友会》安营扎寨

2020 年，在新冠肺炎疫情暴发的大背景下，多款游戏的销量与使用量大幅增长，其中一款游戏的表现格外亮眼，那就是任天堂出品的《集合啦！动物森友会》（*Animal Crossing: New Horizons*）。在这款游戏中，玩家可以在自己的荒岛上进行开拓与建设。通过分享一个验证码，就可以邀请其他玩家来到自己的岛屿上游玩与交流。自 2020 年 3 月发售以来，这款游戏在短短几个月的时间内就售出了 2240 万份，任天堂的营业收入由此同比上升了 108%。玩这款游戏需要使用 Switch 游戏机，但由于当时游戏爆火，2020 年春季任天堂的游戏机出现大面积断货。公开市场上一部任天堂游戏机能卖到厂家指导价的两倍，甚至有些年头的二手游戏机的售价也能抵得上一部新机。

新冠肺炎疫情给人们造成了很大的压力，切断了人们与外界的直接联系。这款游戏提供了一种轻松愉悦的氛围，可以让玩家安全地在其中享受与人互动的自由，比如有人喜欢在自己的小岛上开家寿司馆，或是建所艺术学校，邀请别人来自己的地盘上坐坐。从某种程度上来讲，得益于用户在其中互动的便捷性，《集合啦！动物森友会》迅速风靡各地，成了一片沟通交流的元宇宙。

这样的机会自然不会被一些政客错过。第 59 届美国总统大选在时任总统唐纳德·特朗普与前副总统乔·拜登之间如火如荼地展开。作为一种竞选宣传手段，拜登走进了虚拟世界元宇宙，在《集合啦！动物森友会》中开辟了自己的一个小岛，取名"拜登总部"。他把自己小岛的验证码对游戏中的所有玩家开放，邀请选民前来参观。

这个岛分为两个主要区域。一个是拜登的竞选办公室，走进这间办公室，你可以看到一个摆满了笔记本电脑与宣传单的空间，四处张贴着海报，印有拜登年轻时的样子与他母校的标志。另一片区域是一个投票站，这里有许多鼓励选民参与投票的海报，详细告知了投票日期与投票流程。岛上有一个代表拜登的人物形象，如果与它讲话，它会随机回复一条拜登的竞选口号。这里还有一个区域供用户拍照留念，很多用户还会把造访过拜登小岛的照片积极地上传到社交媒体上，虚拟世界与生命日志元宇宙在此形成交汇。玩家参观拜登小岛的视频还被放到了 Twitch 视频网站上，供没有任天堂游戏机的选民观看。Twitch 与 YouTube 类似，是一个视频流媒体平台，只不过主要用来分享与游戏相关的视频。

其实拜登并不是第一个把元宇宙作为竞选阵地的人。在 2016 年的美国总统大选中，民主党候选人希拉里·克林顿在她的竞选活动中便使用到了我们之前讲过的增强现实游戏《宝可梦 GO》。一直以来，报纸、电视辩论、公园、集市都是政客与选民进行沟通的主阵地。然而年轻人已经很少去关注报纸、电视等传统媒体了，他们在元宇宙中花的时间远比在公园与集市中多。因此，政客与选民间的沟通模式也应做出相应调整。《集合啦！动物森友会》恐怕只是一个开始。

元宇宙的未来与阴暗面故事五：未来会出现记忆交换与天堂服务器吗？

《记忆交换》（*Memory Exchange*）是我在 2018 年 7 月写的一部小说。这部科幻小说描绘了现存的神经系统技术与某些指日可待的特殊技术给我们的生活与世界制造了什么样的冲突。我已经与韩国广播公司（KBS）达成一致，将这部小说拍成电视剧。《记忆交换》的时代背景可以理解为当今世界或不远的将来，是一个神经科学已经发展到一定程度的时代。一个叫作"王牌公司"（The Company）的神秘组织销售各类神经科学技术产品，用来操纵人的记忆。"王牌公司"的多数创始人已经去世，但他们依然活在一个叫作"天堂服务器"的元宇宙中，延续着现实世界中的生活。天堂服务器可以说是将死之人的圣殿，在这个虚拟世界元宇宙中，濒死之人未经损坏的脑神经通路可以与计算机相连，他的意识与认知活动将保留在计算机网络中。尽管这个人的身体已经在现实世界中死亡，大脑却在天堂服务器的虚拟空间中继续着未来的生活，能够与其他相同处境的人进行互动。生活在天堂服务器中的人感受到的时间流逝比现实世界中要慢许多。也就是说，现实世界中的一年，在天堂服务器中感觉像过了十年。天堂服务器是一个虚拟世界元宇宙。它不是由键盘、鼠标或其他穿戴式设备进行控制，用户也不是从监视器或虚拟现实眼镜中看世界。在这个元宇宙中，人是通过直接连接脑神经通路而存在的。如果我们将第三章中提到的"脑机接口"技术加以改进，像天堂服务器这样的元宇宙可能就不只是一个不切实际的想象了。人类总想追求永恒的生命与无尽的创新，在这样的欲望推动下，我想技术的进步有可能会带我们来到这样一个元宇宙中。

对天堂服务器与现实世界的关系感兴趣的读者朋友可以读一

读小说《记忆交换》。不过为了大家能够先睹为快，在这里我节选了小说中一段关于一封神秘来信的故事。这封信是由王牌公司已故的前任总经理乔写给他在现实世界中的继任者瓦努的。乔此前得了不治之症，如今活在天堂服务器中。

一封天堂服务器的来信

瓦努，见字如面，望你一切都好。这封信还没有过审，一般情况下没有经过创始人审查，任何信息都无法从天堂服务器发送到人间。不过我很小心地找了另一条隐蔽的通路，相信这封信可以完好地到达你手里。

距我们上次见面应该有几周的时间了吧，不过在这个地方，感觉像过了好几个月。你还会经常想起我吗？我现在的生活非常平静，时常和梅在河边与林间小路散步。大多数晚上，等梅睡着后，我会坐在门廊尽头点上一支烟，再配上一杯伏特加，享受片刻。积习难改，但终于不必再有什么负罪感了，毕竟不会再有身体上的疼痛。只是我现在还在为王牌公司服务，即使我已经来到了"天堂"。

你一定很好奇天堂服务器是一个什么样的世界吧？其实我常常在想，用"天堂"指代这里是否恰当。不可否认的是，这里的生活富足多了，痛苦也少了许多，但要说这里是天堂，我觉得言过其实了。我不知道我梦想中的田园牧歌是什么样的，但绝不是眼下这个地方，绝不是。如果说这里就是天堂，那么你那里物欲横流的资本主义世界也一样算得上天堂。

在来天堂服务器之前，我并不知道这里是什么样的。想象中在这个世界里，人大概不必役于外物，不会再为争权夺利而明争暗斗，能够和平相处，毕竟这里所有的东西说到底不过是服务器中的一些数字罢了。只可惜，这里与人世间一样，依然随不得心，做不得主，人们依然蝇营狗苟，苦难依旧。

说到底，这才是他们——这些创始人想要的。当年建立了王牌公司的那批创始人，现在大多数都生活在天堂服务器中，或者说正掌控着这里。他们一定也想过，如果放任自由不加约束，恐怕无法按他们的意愿合理地引导（确切来说，是控制）我们。他们采用的方式简单明了：在这里加诸与地球上同样的约束条件来控制我们。其实无论买一份牛排还是冷饭，这里所有的交易都不过是数字量化值而已，但这些数字成了区分与支配天堂服务器中所有人的工具。我什么都明白，但我依然每次还会想要牛排，会选择牛排。说得再直白一点儿，我们的喜好与选择是有人支配的。

如果你知道这些创始人直到现在都在频繁干涉你所在的世界，大概会很惊讶吧。我不知道他们是想保护王牌公司，还是想保护天堂服务器，也许两者皆有。

瓦努，小灵会保护你的，但我也请求你，一定要保护好她。天堂服务器中有一个区域叫冥府。坦白讲，它其实是一个监狱，是这个世上最恐怖的监狱。毫不夸张地讲，这个地方跟它的名字一样，是一个彻头彻尾的地狱。他们把人们在人世间对地狱的想象全部搬进了冥府。试图反抗创始人的人不会被杀掉，或者说他们的大脑连接不会被切断，而是会遭到最残酷的惩罚——被囚禁到冥府，永世不得离开。我不知道有多少人被关在那儿，但我知道小灵的妈妈在那儿。她也是最初的创始人之一，是王牌公司最早的成员。进入天堂服务器后，其他创始人的所作所为让她彻底幻灭，于是她试图终结天堂服务器。为此她被关进了冥府。我不知道这一切具体是什么时候发生的，但应该是几年前的事情了，对她来讲，大概会感觉已经在地狱中煎熬了几十个年头了吧。小灵知道这一切。我无法猜测她是怎么想的，但我敢肯定，她现在还在为王牌公司服务的原因之一，就是想要来到这里救她的母亲。

我也有可能被关进冥府。考虑到天堂服务器与王牌公司依然非常强势，而且还有许多人被困在冥府，想要完成我的计划并不容易。但我不在乎。我每天已经与行走在地狱无异了。

瓦努，我很抱歉把你带到了这个公司。但总要有人接过我在人世间的工作，如果不是你，今天恐怕也会有别人接收我这份歉意。我希望我的计划能够成功，这样我以后就不用总对你说抱歉了。我恐怕无法再跟你联系了。我希望你、尤里，还有其他来到王牌公司的人都能照顾好自己。有时候，真怀念跟你一起喝的那口白山柠檬酒啊！保重。

第六章

元宇宙
投资布局

三星电子：把三星产品打入《赛博朋克 2077》

在第一章中，我介绍了元宇宙的一些基本特征；从第二章到第五章，我详细讲解了元宇宙的四种形态划分。在本章中，我对某些韩国公司如何运用好元宇宙有一些提议。"提议"这个词听上去有点儿筹谋已久的意思，但其实这些建议只是我脑中一些不太成熟的想法，仍需仔细推敲。

你觉得在美国获得专利最多的是哪家公司？截至 2020 年 1 月 1 日，三星电子公司的注册专利达到 87208 件，位居榜首，遥遥领先于排名第二的 IBM（55678 件）、排名第三的佳能（38657 件）与排名第四的微软（36372 件）。基于公司扎实的技术实力，三星电子总能推陈出新，各类新产品层出不穷。由于专利技术属于高科技公司最重要的资产，因此短期来看三星电子高歌猛进的势头不会停止。

对于三星电子，我建议与类似《赛博朋克 2077》这样的游戏进行战略合作。CDPR 工作室在开发《赛博朋克 2077》之时，就制作了符合未来城市特点的各类广告。即使到 2077 年，城市中广告也依然会无处不在。据说 CDPR 当时雇了 10 个人专门负责在这款游戏内制作虚拟广告。不过我们在《赛博朋克 2077》中看到的广告宣传的都是想象中的虚构商品，至少目前在现实世界中还没有出现。但是在《赛博朋克 2077》的"夜之城"中，也就是这款游戏中所有故事发生的地方，CDPR 并非只是简单地把大同小异、可有可无的广告丢得到处都是，反而还特地花了些心思为未来可能出现的产品与服务合法合规地创作了一些广告。

我很想知道如果三星能以此为切入点进入这个游戏中，会是什么景象。我的想法是，三星可以借助《赛博朋克 2077》中的虚拟广告，透露未来有意进行开发的产品思路，这应该会对三星有所助益。以"人体改造"为例，所谓"人体改造"指的是一个人为了强化自己的生理或心理能力而对身体做一些不同程度的改造。有可能到 2077 年，三星已经开发出符合要求的人体改造设备。在《赛博朋克 2077》中的街头巷尾，三星可以对未来人们想象中的 IT 设备做一些构想理念上的介绍，比如能够显著提高人类视力的设备、可以直接把人类思想转译成文的软件，或是能够实现远距离心电感应的植入式设备。

顺着这个思路想，在《赛博朋克2077》中未来人类所使用的电子产品上还可以有三星公司的标志。也就是说，游戏中人们植入手腕的智能手机、计算机和电视等设备有可能是三星的产品。当然，公司标志的植入只是一个方面。如果把三星的应用软件装入游戏里人物所使用的智能手机中，也一定会进一步增强三星的品牌影响力。这些想法的出发点就是将三星的产品与"夜之城"居民的日常生活进行无缝融合，把三星产品渗透进这个聚集着数百万玩家的元宇宙中。

　　此外，如果三星目前的产品能够作为古董出现在《赛博朋克2077》中，一定非常有趣。比如，一个生活在2077年的复古商品爱好者，有可能会随身带着一款2020年的盖乐世Z系列折叠屏手机；如果把NPC之间的对话内容设计成三星产品的植入广告，效果可能更好。比如，"这可是我爷爷当年使用过的手机，到现在都能使用。我总是喜欢这些旧物，感觉它们是有温度的"。还有一个好主意是在"夜之城"中建立一个电子产品博物馆，展出三星开发的各种产品。

　　如果现在就设计并展示未来的产品看起来多此一举，你可以认为这是对产品迭代的未雨绸缪。尽管目前三星电子的系列产品与服务已经走在了行业的前列，但把更超前的产品理念提前透露一些给总在期待下一款新产品的消费者，一直以来都是一种增加客户黏性的商业策略。

韩国 SK 生物制药公司：建一个数字实验室

　　韩国 SK 生物制药公司（SK Biopharmaceuticals）是一家跨国制药企业，研制过多种先锋药品。2019 年，全球制药企业的总规模达到约 1.4 万亿美元，从原始数据来看，这个规模已经超过了造船、汽车与半导体行业的总和，而这些都是目前韩国规模最大的行业。此外，SK 生物制药公司的市场年增长率预计将达到 4%，大大高于造船业（2.9%）与汽车行业（1.5%）。

　　我们在前文提到过华盛顿大学的教授戴维·贝克于 2008 年开创的 Foldit 平台，该平台用于研究蛋白质结构。我想 SK 生物制药公司可以借用此平台的理念，在这个元宇宙中创建一个数字实验室，让广大公众参与公司制药研究项目的某些部分，即使只是非常小的一部分，也可以增加这个科学领域的公众参与度。具体来讲，可以把新药开发过程中某些既需要创造性思维，又需要大量重复性工作才能完成的部分放到网上，让普通公众参与完成。SK 生物制药公司的科研人员可以不定期地上线给参与者做一些反馈，大家就能够体会到一起攻克某个难题的乐趣。这样一来，SK 生物制药公司可以通过公众的集体智慧收集到很多破题思路，同时给参与这项试验的人留下一个非常积极正面的印象。

　　SK 生物制药公司还可以考虑另一种方式，即为未来想从事制药行业，特别是希望进入 SK 生物制药公司工作的学生建立一个元宇宙。这种做法有过先例。全球化妆品公司欧莱雅曾经通过一个叫作《欧莱雅在线职业之旅》（Reveal）的网络游戏来评估未来的潜在雇员。希望应聘进入欧莱雅的人必须玩这个游戏，只有在游戏中拿到足够高的分数，他们的应聘申请才会被提交上去。

申请人想要拿到这个分数并不需要特别的技能，只要投入足够的时间就可以做到。不过在不同的招聘季中，游戏内容会有些区别。整个流程通常会依次包括产品研发、市场推广、产品销售等环节。在每一个环节中，游戏参与者会面临不同的场景，需要做出最优决定来提高完成任务的效率。SK 生物制药公司也可以效仿这种形式，提供一个这样的元宇宙，让应聘者亲自体验开发一款新药时各个部门与组织之间是如何进行沟通与配合的。我觉得这样的元宇宙也会吸引更多学生的兴趣，加深他们对公司新药研制过程的了解。

现代汽车公司：借用《疯狂的麦克斯》的世界观

在国际汽车市场中，汽车改装是一个非常活跃的行业，生产定制零配件和提供车辆改装服务的中间商与原车制造商在此过程中均可获益。梅赛德斯－奔驰在改装领域已颇有建树，它的改装子品牌 AMG 与宝马的 M 系列类似，车型标识中的"M"字样都是身份的象征，意味着这样的车辆性能得到过加强，远远优于原来的基础车型。专业的车辆改装厂可以通过制造定制零配件与提供配套服务，源源不断地获得稳定的利润，同时原车制造商可以在不额外占用产能的情况下为客户提供更加多元化的定制车辆选择。从客户的角度来看，能够拥有一辆充分体现自己个性与品位的定制车辆，也是极具诱惑力的一件事情。

全球汽车改装市场的规模据估计在 1000 亿美元以上，高于全球造船市场规模。如果现代汽车建立一个供改装车甚至超级改装车同台竞技的元宇宙，会是什么样？2015 年上映的电影《疯狂的麦克斯：狂暴之路》中出现了各式各样经过大刀阔斧改造而成的酷炫改装车。电影的背景设定在遥远的未来，里面的车辆改装造型狂放不羁，怪诞出奇，几乎分辨不出车辆原本的模样。

如果现代汽车也有一个虚拟世界元宇宙，能够像《疯狂的麦克斯：狂暴之路》中的世界一样对现代汽车进行改装，也是一件值得玩味的事情。当用户注册登录这个元宇宙时，会随机获得现代旗下的任意一款车。如果用户在现实世界中本就是现代汽车的车主，可以在元宇宙中注册并添加这辆车的信息。注册完成时，用户可以获赠一小笔钱，在元宇宙中自由支配，可以购买定制配件，也可以对车辆进行外观或性能改造。用户可以带着自己的改装车参加各种赛事活动，比如一对一竞速赛、8 人赛车以及撞车大赛等。参加活动的选手可以获得奖励，并通过奖励积累购买新车或更多的定制零配件。此外，品牌定制件可以在法律允许的范围内在现实世界中进行生产或销售，也可以用来对这个元宇宙进行宣传。

生命日志元宇宙也可以作为一个思路。我们可以把现实世界中的车载信息服务系统设备（Telematics 设备，能够通过车载的计算机或平板电脑把驾驶员的相关行驶信息通过无线通信技术或 GPS 发送至车辆保险公司等相关单位的设备）与 Niantic 的增强现实类游戏 Ingress 进行链接。这款游戏我们在前文中也进行过探讨。我们可以采用不同的规则创建不同的元宇宙。举例来说，规则可这样设定：对同路段上驾驶同款车的行驶记录进行比较，由安全驾驶指标最高的人控制相对应的区域；或者在街道的不同位置设置传送门，驾车靠近它的人自动获得该传送门；或者来自同一个区域的驾驶员组成一支队伍，不同队伍间可以进行比赛，看谁能占领更多区域，夺取更多传送门。生命日志元宇宙甚至可以与一些奖励机制挂钩，比如元宇宙中的用户购买现代品牌汽车时，可以根据他们在元宇宙中的成就获得额外折扣或赠品。

现代汽车还可以考虑创建一个增强现实元宇宙，比如开发一款应用软件，允许用户根据自己的审美对现代汽车的外观装饰进行虚拟设计，然后把他们的装饰效果应用到现实世界中。通过这款应用软件，车主可以看到把不同样式的贴纸与配件叠加到实际车身上时所呈现的效果，对各种不同的设计进行尝试。软件中除了提供默认的工具，还允许用户定制贴纸与配件，并把自己的创意自由地分享给其他用户。其中大受欢迎的贴纸与配件款式可以在现实世界中制作，在特定活动中推广使用，也可以在这款应用软件中打造购物生态，对这些产品进行线上推广。

现代汽车还可以把增强现实技术用于游戏。比如，用户可以通过增强现实技术用自己的现代车在客厅或会议室赛车。试想几个现代车主聚在一起，有人开雅尊，有人开索纳塔，有人开帕里斯帝。当他们打开各自手机中的增强现实赛车软件时，就可以看到客厅地面上出现一个赛道，各自的汽车都停在赛道起点蓄势待发。比赛结束时，每个人都可以看到与其他几位朋友相比，或与同款车型的其他车主相比，自己的表现结果如何。根据用户的比赛记录，玩家甚至还可以在这款增强现实游戏中选择驾驶自己在现实世界中并未拥有过的车型。

当然，我在这里设想的这些简单功能不足以构成一个完整的元宇宙。一个元宇宙的生命周期取决于多方面的因素，包括虚拟形象的类型设计、奖励频次与等级的设置、经济体系的搭建，以及用户交互环境的营造。总而言之，元宇宙可以帮助现代汽车向其现在与未来的客户以一种沉浸式的深度体验方式展现自己的产品与技术革新成果。

LG 化学：在元宇宙中建一座化工厂

LG 化学（LG Chem）是韩国最大的化工企业，也是全球化工企业中品牌价值排名第四的公司。你能随口说出任意一样由 LG 公司制造的产品吗？如果你并没有特别关注化工行业，恐怕你一个例子都举不出来。然而事实是 LG 化学公司的产品范围之广，几乎涉及我们日常生活的方方面面，包括石化产品、电池（用于电子产品、小型运输工具、汽车等）、专业材料 (汽车内饰、外观、有机发光二极管、显示材料、高性能覆膜等)、制药、化肥、种子等。值得一提的是，虽然并没有多少人知道 LG 化学还制造农用品，但它在韩国该领域的市场份额高居第二。

LG 化学的员工对这些细节一定清楚。然而由于公司规模巨大，业务部门繁多，组织架构错综复杂，外人很难确切了解整个公司的运作全貌。为了帮助公司各产品的终端用户、对 LG 化学公司兴趣浓厚的普通群众，以及 LG 化学公司的职工更好地了解公司的整体架构与价值链条，我建议 LG 化学公司可以构建一个以化学工厂为主体的元宇宙。

专营电气、电子及工业化厂房解决方案的德国西门子公司曾经为了宣传自己的品牌形象与自主研发的工厂技术、吸引各行各业的人才加入西门子，发布了一款名叫《工厂之城》（*Plantville*）的游戏产品。工厂工程主要是为电力、石油、天然气等资源的生产进行工厂建造与设备提供的工业化领域。《工厂之城》可以让用户体验到建造与运营一个工厂的过程，由此增加人们对西门子相关工作的了解，并提升人们对西门子品牌的喜爱程度。这种增进了解、扩大好感度的方式成功帮助西门子从世界各地吸引来了所需人才，共同为西门子效力。

《工厂之城》还被公司内部用于在职员工的培训。新加入西门子的雇员教育背景与工作经历各不相同，而工厂解决方案业务虽然是西门子的一大主营业务，但对大多数新员工来讲却是一个陌生的领域。《工厂之城》并没有对公司的各种技术做具体展示，但它帮助所有新员工更加彻底地了解了工厂业务的特点以及西门子在这个行业中扮演的角色。

无独有偶，万豪连锁酒店也使用了一个叫作《我的万豪》（*My Marriott*）的工具把自己的形象打造为一个富有魅力的雇主企业。在这个游戏中，用户必须在一个设定环境中合理使用有限的预算来解决问题，比如在厨房的工作中，需要解决厨房设备更换、食材采购、厨师聘用等问题。游戏的目标是要加快进度完成积压订单，与此同时提升自己的等级。待等级提升到一定程度，用户就可以离开厨房，去体验酒店其他部门的工作。据估计，《我的万豪》成功地帮助万豪酒店吸引了各个领域的人才。事实上，在万豪连锁酒店品牌进驻中国、印度等新兴市场之时，《我的万豪》在大规模的招聘过程中成了公司非常有效的宣传工具。事后证明，在这款游戏中取得高分的人对真实的酒店工作具有更高的兴趣和理解度。新员工在使用这款游戏的过程中也快速掌握了酒店中各种工作的要领。

我想 LG 化学可以借鉴西门子的《工厂之城》以及万豪酒店的《我的万豪》，开发一个自己的元宇宙。借由这样的工具，LG 化学可以把公司体系内化工厂的整体构成以及每一个环节如何做到价值增值呈现出来。它既可用于增强外界人士对公司的了解，也可以成为 LG 公司与普通大众及公司利益相关方沟通的渠道。这种工具对公司的内部员工也大有裨益，特别是非研发、非技术部门的员工，可以通过它来了解自己所在公司拥有什么样的技术特点。

Kakao：代写自传

去年夏天的一个清晨，我在天色破晓之时钻进了一辆出租车。出租车司机是位白发苍苍的老先生，他很奇怪我为什么会这么早前往一家酒店。我告诉他我要给一些参加早餐会的广告与市场营销人员做一个讲座。说到这里，他显得更加激动了，他告诉我他年轻的时候也是干这行的。我们就这样一路聊，一路到了酒店。正当我准备下车时，老先生从座位旁边抽出了一本小书，有些不好意思地递到我手里。那是他的一本自传。当晚夜深之时，我翻开这本自传读了起来。当时我在想，看上去千篇一律的芸芸众生，其实演绎着人间百态。这位出租车司机为何会把自己的故事写成一本永远不会对外销售的书，我们不得而知。我想大概因为这是他的人生，曾与世间众人如此相似却又如此不同，于他而言都是最珍贵的故事。

截至 2020 年，韩国有 94.4% 的人在使用 KakaoTalk，这是一个惊人的数据。其中有很大一部分人同时在配套的生命日志元宇宙 KakaoStory 中记录自己的日常生活。在这样的趋势下，人们在现实生活中的各种细节被大量储存在 Kakao 公司创造的镜像世界元宇宙中。Kakao 公司知道我去过哪里、怎么去的，因为它的路线指引、出租呼叫、司机代驾、卫星导航、公交路线信息、地铁线路信息、停车场位置等各种服务记录了这样的信息。它通过网上股票交易软件 KakaoPay 与 KakaoBank 知晓我把钱花在了什么地方，投资到了哪里，还可以通过网络小说、网络动漫、文学作品以及 KakaoTV 等内容服务了解我看剧与阅读的喜好。

我们所处的这个时代，人工智能程序已经可以写小说了。

> "你简直不可理喻！"她喘着粗气，身体无法动弹。已经没有时间了。到底过了多久了？我提着一口气只想一股脑儿都说出去。她不信任我。

这是一段由初创公司"孢子实验室"（Poza Lab）的人工智能程序在 2019 年写下的一段话。2016 年，在通过日本"星新一文学奖"（the Nikkei Hoshi Shinichi Literary Award）首轮初评的文章中，有 4 篇是由人工智能程序所写。

如果把我在 Kakao 世界中所留存的大大小小、林林总总的海量生活记录全部交给人工智能写手，它会创作出一部什么样的作品？如果人工智能写手翻阅过我在 KakaoTalk 中与他人聊天的记录或是一些工作对话，我想它可能会替我写出一本非常简洁的自传。然而事实上，人工智能技术可以帮我们从多个角度创造出丰富的内容。依据时间顺序，创作的内容可以是短至一天的日记，也可以是长至跨越几十年人生的故事。在主题上，可以讲述我分分合合的那些情感过往，也可以讲述我的职业生涯，甚至可以整理一本我的糗事大合集。

对于上述内容的创作，我不确定如果 Kakao 把它卖给别人而不是我，或是以别的什么方式变现是不是个好主意。然而于我而言，这些故事里的主人公是我，故事里写了什么内容会对我具有极大的诱惑力。我可以分享给相熟的朋友，听听他们的意见；如果只想留给自己慢慢品读，也可以选择分享给人工智能读者或人工智能顾问，听听它们的反响与建议。这样的附加功能对个人极具吸引力，有了它，人们将更愿意深度参与到 Kakao 世界中去体验更加多元化的服务。

这个元宇宙中共同生活着很多人。我们每个人都围绕着自己画了一个圈，在自己的人生中做着主人公。尽管这个元宇宙中记录了数不清的数据与信息，却没有相应的故事把它们与对应的时间和涉及的人物串联起来。那些能够打动人心、振奋精神、激发人们做出改变的并不是散落在元宇宙中的数据与信息，而是它们背后的故事。KaKao 应该把这些故事写下来，作为礼物馈赠给身处其中的每一个人，让他们能够在自己的故事中做一次主角。

宾格瑞：在《罗布乐思》中为宾格瑞王子建一座宫殿

2020 年 2 月，韩国的知名食品饮料公司宾格瑞（Binggrae）推出了一项别出心裁的市场营销活动，在公司的官方 Instagram 账号中引入了一个叫作"宾格瑞王子"（Binggraeus）的卡通人物形象。这位宾格瑞王子在打开官方账号时会突然出现，只简单地说了声"嗨，你好!"，便已经在消费者中激起了千层浪。有人留言道："负责这个账号的人是要离职了吗?""我还以为他们的账号被黑了!""动漫宅男肯定喜欢!"很快就有消息称这位宾格瑞王子是宾格瑞王国的继承人，他从他的父亲手中接过了 Instagram 账号的管理权。

宾格瑞王子是宾格瑞公司出于市场营销目的专门创作的一个人物形象。他长着一副欧洲贵族的模样，却有着搞怪、蠢萌的性格。他会用公司的各种产品装扮自己：王冠是一瓶香蕉口味的牛奶饮品（公司的招牌产品），裤子是冰激凌三明治，随从一个是西瓜味的冰棒，一个是螃蟹形状的薯片。自从这个卡通形象一炮而红，宾格瑞公司开始频繁地以宾格瑞王子的口吻在官方账号上更新状态。他与粉丝互动的帖子常常是这样的："我会打理好自家生意的。""我正在闲逛，Instagram 的小伙伴，你们在干吗呢?""听说现在流行用甜品来称呼自己的心上人，你看到了吗? 我的小甜心香蕉牛奶，要不要陪我一起去花园品尝一杯香蕉牛奶呢?"慢慢地，宾格瑞公司逐渐出现了许多人物形象，代表旗下其他产品，比如 B.B.Big 牌红豆冰棒产品、大筒冰激凌 Lord Togetherigory、螃蟹形膨化脆、Melona 牌哈密瓜味冰激凌、咖啡味棒冰 Summer Crush，以及 Excellent 系列产品等。

宾格瑞并不是一个惯于在营销上出奇招、搞噱头的业界新势力，而是一家已有超过 50 年历史的老牌企业。这是一个我从小就很熟悉的品牌，因为它几乎伴随着我长大，所以感觉上它应该像一家"人到中年"的公司。然而通过"宾格瑞王子"和"宾格瑞王国"，这家公司已经在 Z 世代中留下了深刻的印记。宾格瑞王子的每条状态更新平均会收获 4000 多个赞，是公司用传统的方式在社交媒体上发帖获赞数的两倍以上。粉丝的留言数量也大大高于从前。从前一条普通信息可能仅收获几十条留言，而用卡通形象的身份更新的信息，平均留言数达到了几百到几千条。截至 2020 年 9 月，宾格瑞在 Instagram 上的粉丝突破了 14.9 万人，成为韩国粉丝数量最多的食品公司。2020 年第二季度，整个制造业的销量受新冠肺炎疫情的影响停滞不前，而宾格瑞在此期间销量与营业利润双双实现增长，涨幅分别达到 30% 与 7.4%。在公司 2020 年年初公布的商业计划中，宾格瑞宣布它将着力开拓海外业务。目前，公司的全部出口产品均在韩国生产，不过据有关分析人士预测，宾格瑞将会在美国当地开设工厂，以满足日益增长的海外市场需求。

在这样的形势下，如果宾格瑞在《罗布乐思》中为宾格瑞王子建一座宫殿会怎么样呢？2019 年，《罗布乐思》的用户超过 9000 万人；到 2020 年，用户便迅速扩大到超过 1.15 亿人。它的用户比美国任意一家以年轻人为目标客户群的企业都要多。2018 年的数据显示，美国 13 岁以下的儿童在《罗布乐思》上花的时间平均是花在 YouTube 上的 2.5 倍，是在网飞上看视频时间的 16 倍。我认为宾格瑞应该在《罗布乐思》中打造一个自己的王国，搭建一座宾格瑞王宫，充分利用势头正猛的这款游戏平台。公司甚至可以考虑在其中建一座展厅，陈列宾格瑞的各类商品，也可以设计一座宾格瑞产品的主题乐园，还可以创建一些包含宾格瑞元素的小游戏。使用《罗布乐思》平台本身不会增加额外的运营成本。不过在《罗布乐思》中打造一个宾格瑞王国需要投入一些精力，进行王国布局的设计、在罗布乐思工作室中编辑与上传内容、与王国中的用户沟通，并对整个王国进行管理。我相信这些工作会非常有效地使宾格瑞品牌与旗下的各类产品触达海外市场众多的消费者，特别是年轻人群体，而他们也将是未来宾格瑞最主要的客户群体。

通过社交媒体这样的生命日志元宇宙建立自己的粉丝群虽然也是个不错的战略，但宾格瑞应该更进一步踏进类似《罗布乐思》这样的虚拟世界元宇宙中，为宾格瑞王子的粉丝提供更多元的体验。粉丝在生命日志元宇宙中对公司一举一动的关注与支持都是一种被动的体验，相比之下，虚拟世界元宇宙可以带给消费者更强的沉浸感，让他们直接参与其中，感觉自己也是其中一分子。

麴醇堂：在《侠盗猎车手（联机版）》中开一家酒吧

麴醇堂（Kooksoondang）是一家生产酒精类饮品的酿酒企业，我个人非常喜欢它的产品，比如百岁酒与马格利米酒。麴醇堂的母公司麒麟酒业（Girin）是一家于1952年在大邱市成立的酒厂，创始人及公司总裁是裴相民。

麴醇堂的马格利米酒销往了全球52个国家。截至2019年，它的"Draft Makkoli"品牌在美国10年间的累计销售量约1200万瓶。从2020年起，麴醇堂开始向美国出口"千亿益生菌马格利"，这是一款功能性的传统米酒，具有较高的乳酸菌含量。麴醇堂计划借机向海外市场推广自己的这款高端马格利酒。新冠肺炎疫情蔓延以来，这款具有高含量乳酸菌的高端马格利酒在海外市场广受欢迎，因为它的理念是酒中的益生菌成分能够增强人的免疫能力。据称，这款酒尤其在二三十岁的年轻人中得到广泛好评，因为他们对韩国文化关注更多。

作为一家成功地不断提升韩国传统酒精饮品在全球市场中地位的公司，麴醇堂可以对《侠盗猎车手（联机版）》（*GTA Online*）这个元宇宙加以关注。这是一款由摇滚之星游戏公司开发的游戏，背景设定在一个虚构的城市洛圣都中，主人公是一些四处惹是生非的犯罪分子，常常因为野蛮驾车造成麻烦。

洛圣都市的主要地形与地标性建筑均以洛杉矶为基础。由于游戏设定在现实主义的现代都市中，大街上到处都是商场、银行、警局、医院与酒吧。用户在洛圣都市中可以通过完成任务在游戏中赚钱，并用这些钱在游戏中购置公寓、办公室等房产，或者给自己在游戏中的人物形象添置不同的衣服与武器装备。用户可以在游戏中与其他玩家一起执行任务，也可以开上自己的游艇、跑车或喷气式飞机单纯地欣赏这座大城市美丽的风景。用户可以通过台式计算机或 Xbox、PlayStation 这样的游戏机登录游戏。游戏刚上线时，同时在线的玩家就超过了 1500 万人。这是一个可靠的数据推算。因为摇滚之星游戏公司并没有透露过《侠盗猎车手（联机版）》的确切用户数，但同样由这家公司开发的另一版本的游戏《侠盗猎车手 5》在全球销售了 1.1 亿份，而它是访问《侠盗猎车手（联机版）》的先决条件。基于此，我们可以得出约有 1500 万来自世界各地的玩家在访问《侠盗猎车手（联机版）》，这并不是一个小数目。值得一提的是，青少年是不允许玩这款游戏的，原因前文也提到过，因为游戏中的任务涉及交火等犯罪行为，而且游戏中还有酒吧，也不允许未成年人进入。

这就是《侠盗猎车手（联机版）》，一个呈现西部城市特征的元宇宙，其中有上百万来自世界各地的用户，但不对青少年开放。如果麴醇堂在洛圣都的街头开一家酒吧会如何呢？《侠盗猎车手（联机版）》中的玩家可以来酒吧坐坐，喝上几杯。几杯下肚之后，屏幕中会出现一点儿轻微的眩晕感，游戏角色的动画效果与摄像头会模拟一些醉酒的效果。如果玩家在游戏中醉醺醺地驾着车，就会被执勤的警察跟上。在游戏中洛圣都市街头的酒吧里售卖麴醇堂的"Draft Makkoli"与"千亿益生菌玛格利"会是一种娱乐性很强的宣传方式，非常有利于把麴醇堂品牌与其传统的韩国玛格利米酒产品向不熟悉这个品牌的外国人推广。当然，麴醇堂恐怕不能随心所欲地在洛圣都开酒吧，但它可以主动与摇滚之星游戏公司接触并寻求合作。即使做不到开一家虚拟酒吧，也可以试一试在洛圣都街头的广告牌上挂上麴醇堂的名号，或在游戏中行驶在街道上的大货车厢体上贴上巨幅麴醇堂玛格利米酒的图像。

爱茉莉太平洋集团：在元宇宙中销售数字化妆品

爱茉莉太平洋集团是韩国两大化妆品巨头之一，与LG生活健康（LG Household & Healthcare）集团比肩，韩国国内头把交椅不出其二。爱茉莉太平洋集团的母公司是于1945年成立的太平洋化学工业集团。雪花秀、赫妍、艾诺碧、兰芝、梦妆、韩律等都是爱茉莉太平洋集团旗下的化妆品品牌。

2019年，爱茉莉太平洋集团的销售额达57亿美元，营业利润为4.52亿美元。尽管销量与上一年相比略有增加，但营业利润却连续三年下滑。2020年受新冠肺炎疫情影响，第一季度的营业利润仅有6000万美元，同比下降66.8%。

为了扭转这种局面，爱茉莉太平洋集团透露公司将致力于新产品开发，扩大用户体验空间，并将打造多样化的销售渠道。诚然，爱茉莉太平洋集团并不是唯一一家面临挑战的化妆品公司。受新冠肺炎疫情影响，进入线下门店的消费者数量锐减，同时业界也掀起了数字化改造的浪潮，许多原来专注于线下门店业务的公司开始大力推进线上平台，比如 LG 生活健康集团、欧利芙洋 (CJ Olive Young)、美丽魔法森林（Tony Moly）。目前这些公司重点打造的还是网上商城与移动购物应用软件。不过化妆品行业也在逐渐尝试把信息技术整合到购物之外的领域。美丽魔法森林透露公司正计划搭建一个线上平台，通过人工智能技术为消费者推荐最适合的化妆产品与技巧。欧利芙洋开放了一个叫作"欧利芙休息室"的移动平台，以促进员工的交流。这些战略的共同点在于它们为消费者选择与购买现实世界中的产品提供了更大的便利。

如果爱茉莉太平洋集团能够开发一些不为现实世界所用，仅适用于元宇宙的化妆品会如何呢？人们开远程会议或进行远程教学使用的平台主要是 Zoom 视频通信公司的 Zoom 软件、思科的网迅（Webex），以及微软的 Skype 与 Teams 软件。这些软件最初都是为企业间的远程视频会议打造的，但是新冠肺炎疫情出现之后，它们纷纷被各个国家的教育机构用于远程教学，也在保持社交距离的要求下成为个人之间进行常规联系的工具。2020 年，Zoom 成为这一需求下最为广泛使用的工具。我们来看一些数据：2019 年 Zoom 的用户数量为几千万，到 2020 年 3 月时，这一数据已经飙升到 2 亿，同年 4 月达到了 3 亿。Zoom 提供的一些功能广受用户好评，比如用户可以轻松改变自己的背景，或是把自己的肤色通过镜头调整到更好的状态。

越来越多的视频会议软件开始通过 Snap 相机强化各种类似的功能。比如，你可以给自己的脸上叠加一些虚拟配饰，例如眼镜、胡子、耳环、帽子等，改变自己的形象，装扮成各种影视角色或动画人物。还有一些电脑软件可以识别类似 Snap 相机这样的虚拟相机。这就意味着你可以在 Snap 相机中改变自己的模样，之后如果在 Zoom 或网迅的相机设置功能中允许开启 Snap 相机，那么你在 Snap 相机中创建的形象就可以传到视频会议软件中。用于脸部装饰的各种主题风格被称作"特效滤镜"。假如你的头发像刚起床时一样乱糟糟的，就可以应用 Snap 相机中的帽子特效，这样一来你在视频会议中看上去就会戴上一顶还不错的帽子。

日本化妆品公司资生堂也通过 Snap 相机推出了一个数字化妆品功能。在 Snap 相机中搜索"TeleBeauty"，就可以找到由资生堂提供的 4 种数字化妆品特效。选择一种自己喜欢的，就可以看到自己使用资生堂产品上妆后的样子。如果在视频会议软件中使用这项功能，就可以妆容完美的样子出现在别人的眼前。如果想在现实世界中也化一个同款的妆容，资生堂官网主页上有一个菜单项，可以向用户推荐需要购买哪种产品。

通过像 Snap 相机一样的通用软件，以特效滤镜的方式引入自己品牌的化妆品并没有问题。不过我认为爱茉莉太平洋集团应该独立搭建自己的平台，给用户提供更多元的体验。基于爱茉莉太平洋集团旗下的各种化妆品品牌，可以用基础特效滤镜提供多款标准妆容。用户可以根据自己的喜好对妆容进行调整与保存，并通过社交媒体分享给朋友，这样一来这个项目就与生命日志元宇宙形成了联动。项目中还可以兼容购物功能，也就是显示用户最后确定的妆容中使用的是哪些现实世界中的产品，用户可以通过产品链接的显示直接购买。通过社交媒体分享自己的虚拟妆容后获得好评的用户在虚拟商场中购买东西时，可以获得积分或享受折扣。用户的妆容还可以链接到视频会议与远程教育软件中，比如 Zoom、网迅、Teams 以及能够结合多种视频与音频资源进行在线录制与实时内容播放的直播录像软件 Open Broadcaster Software（OBS）等。也可以与 PRISM Live Studio 和 XSplit 这样的视频直播软件进行关联。还有一个想法也非常有趣：如果你在线下门店或商场中购买爱茉莉太平洋集团的产品，录入产品包装盒上的代码就可以解锁一款特殊背景，用在视频会议中。视频会议与远程教学软件的用户常常会使用自己从网上下载的照片做背景，比如一个考究的咖啡馆或度假区，因为他们不愿意泄露自己的生活环境。爱茉莉太平洋集团可以根据每一个品牌的特点设置一套背景，满足用户这样的需求。

Big Hit 娱乐公司：在 Weverse 中缔造一个韩国流行音乐王国

随着人气组合防弹少年团赢得全球粉丝的喜爱，其经纪公司 Big Hit 娱乐公司也成了一个家喻户晓的名字。Big Hit 是一个明星经纪代理公司，由曾任韩国 JYP 娱乐有限公司音乐制作人的方时赫于 2005 年 2 月创立。我个人觉得有趣的一点是 Big Hit 娱乐公司的第二大股东（持股比例为 24.87%）是一家游戏公司，名叫网石游戏（Netmarble）。2019 年，Big Hit 娱乐公司的销售收入高达 5.33 亿美元，比 2018 年的 1.94 亿美元翻了一番还多；营业利润在 2019 年达到 8900 万美元，几乎也是 2018 年的两倍。

美国专注于商业与创新领域的媒体品牌《快公司》在 2020 年全球 50 大最具创新精神的公司评选中，将 Big Hit 娱乐公司评为第四名。其中排名第一的是社交媒体公司 Snap，第二名是微软，第九名是《罗布乐思》，苹果公司排名第三十九。Big Hit 娱乐公司能够高居第四名，可以说是一个非常耀眼的成绩。这意味着在《快公司》看来，Big Hit 娱乐公司在创新能力上远超苹果公司。

Big Hit 娱乐公司的创新能力体现在许多方面，不过我认为它们在 Weverse 产品中的一系列开拓尤其引人注目。通常来讲，韩国流行音乐艺人的粉丝俱乐部与粉丝团体是通过线上社区来运营的，有的粉丝组织使用的是门户网站提供的"咖啡馆"功能，有的粉丝团队使用的是自己创建的独立网站。Weverse是一个综合了全部粉丝社区相关功能的统一平台，目前已有许多韩国艺人组合的粉丝在使用它，包括防弹少年团、男子组合Seventeen、GFriend女子演唱组合等。Big Hit娱乐公司近期宣布它将通过Weverse平台进行粉丝社区的管理，宣传艺人线上与线下的活动并提供直接预约服务，同时会在平台中销售各类限量版产品。对了，我是不是还没有告诉你目前负责运营Weverse的公司是Big Hit娱乐的子公司beNX？

打开Weverse应用时，你会看到与Big Hit娱乐公司有关的明星艺人列表，比如防弹少年团、男子组合Seventeen、GFriend女子演唱组合等。到这一步，你可以选择自己喜欢的艺人，单独订阅与这位艺人相关的社区内容。在一些艺人社区里的超话板块中，艺人与粉丝均可以发布帖子与评论，还提供艺人在各种媒体活动中的视频物料以及为付费订阅用户提供的专属内容（用户需要从Weverse商店中购票成为某个明星社区的付费订阅用户）。演唱会的门票与限量版产品通过Weverse商店进行销售，当然Weverse商店是直接链接到Weverse应用中的。举例来说，2020年6月14日防弹少年团举办了一场线上直播演唱会"Bang Con"，这场演唱会的宣传、购票、观看以及周边产品的销售全部是通过Weverse完成的。

在粉丝选择就某个超话上传自己的帖子之后，艺人可以看到这些帖子，并通过视频或语音信息回复粉丝。Weverse 可以让来自不同国家的粉丝轻松自如地相互交流，甚至还提供自动翻译功能，把评论内容翻译成好几种语言。得益于各种功能的整合，截至 2020 年 9 月，Weverse 已经吸引了来自 229 个国家的 1347 万名用户成为订阅会员，平均每天的浏览人数达到 140 万。艺人也会在自己的超话中发帖或评论，不过粉丝的发帖数远超艺人的发帖数，达到每月平均1100万条信息的水平。2020 年 9 月初，防弹少年团、男团 Seventeen 与 GFriend 女子演唱组合的社区订阅会员数分别达到 670 万、127 万与 81 万，甚至超过某些国家的人口数。2020 年 7 月，三星电子甚至推出了一款防弹少年团版本的盖乐世 S20+ 手机，并将 Weverse 作为一个核心应用预装进这款手机。

我相信 Weverse 的订阅用户数、内容的丰富性与数量，以及平台上的功能仍将继续增加与完善。然而，伴随而来的问题也越来越多。由于粉丝的发帖内容并没有预先经过严格的审核，一些针对艺人的低俗恶评与含有性骚扰性质的内容会被分享出来。除此之外，不同于粉丝自行组织管理的粉丝社区，Weverse 上的粉丝准入门槛大大降低，加之粉丝的倾向与喜好各不相同，时有不和谐的声音出现。

对于 Weverse 的持续发展，我也有一些建议。

第一，建议 Weverse 能够在自己的元宇宙中，为每一位用户提供不一样的定制体验。在目前的架构下，同一艺人的所有粉丝看到的都是完全一样的内容，比如防弹少年团社区中给所有粉丝提供的都是同样的超话帖子。我在前文中提到过，一个社团中每月都有上百万粉丝与发帖数量，同一个社区中粉丝的个人偏好也千差万别。正因为如此，相比为全体粉丝无差别地提供同样的内容，Weverse 可以利用人工智能的力量，对每个艺人社区中的粉丝活动记录进行分析与自学习，然后把最符合某个用户偏好的超话内容或粉丝有可能错过的内容定向推送给他，道理与用于推荐关联性更强的脸书帖子与网飞剧目的定制算法类似。如果 Weverse 可以为具有相似偏好的粉丝提供对应的内容与功能，允许用户形成小范围的组内交流，类似一个 Discord 服务器①、一个网络论坛或是一个群聊，效果可能会更好。

第二，在这个元宇宙中提供数字化产品。比如提供艺人的化身形象供粉丝使用，或是通过人工智能技术对艺人在视频或音频中的面部表情与声音进行学习，生成艺人的视频，提供单独向粉丝发送特别视频留言的功能。还可以考虑应用增强现实技术，比如粉丝在某个地方拍照后，屏幕上显示的是艺人站在身侧的样子。

第三，有关跨平台合作。在多数情况下，韩国明星偶像与唱片公司会寻求其他合作公司的帮助，负责艺人的宣传、门票与产品的销售、演唱会的播出等事宜。而有了 Weverse，上述事宜得以在一个独立的统一平台上全部完成。这种方式自有其精妙之

---

① Discord 是专门设计用于游戏互动的软件，它包括诸如低延迟、用户免费语音聊天服务器和专用服务器基础设施等功能。——译者注

处，不过我在想如果能与另一个元宇宙进行合作，是否更有利于扩大艺人与唱片公司的受众范围？2020年9月26日，防弹少年团发布了全新单曲"Dynamite"的音乐录影带，并在游戏《堡垒之夜》中举办了一场演唱会。这个人气组合在现有的粉丝群与《堡垒之夜》的用户群中都收到了热烈的响应，因为他们专门为《堡垒之夜》的演出进行了全新的舞蹈编排。

这个活动与艺铂游戏公司在《堡垒之夜》元宇宙中为说唱歌手特拉维斯·斯科特举办的演唱会有异曲同工之妙。我想未来入驻Weverse的艺人应该更加积极地与增强现实、生命日志、镜像世界以及虚拟世界等多种形态的元宇宙加强合作。尽管Weverse依然是明星艺人活动的主阵地，但艺人同样可以游走于各个元宇宙间，加强与不同元宇宙用户的交流。这样的合作在两个层面上都有重要意义。一方面，在每一次合作中，用户都能够体验到不同元宇宙的属性所带来的独特感受；另一方面，这样的合作也提供了一种引流路径，能够帮助Weverse把其他元宇宙中的用户吸引到自己的平台上来。

CJ物流公司：在镜像世界中书写我们自己的故事

2020年4月初，一条关于外卖送餐员坐在路边一边吃蛋糕一边哭泣的视频被发布到网上。视频中的快递员在中国武汉工作。那天他在送餐软件上接到一个订单后，来到一家蛋糕店取餐。当这位送餐员拿到蛋糕后看到订餐小票的时候，当即呆立在原地，竟不知该做何反应：订餐小票上打印的收件人是这位送餐员自己。新冠肺炎疫情下武汉封城之时，他曾经奋力帮助这座城市中的无数居民。这一天，有人默默地为他下了一单，作为对他的感谢。巧的是，这一天正好是他的生日。这位送餐员走到街边一处四下无人的地方把蛋糕塞到嘴里，人却早已泪流满面。

武汉封城时，城市中的大多数商铺与公共设施，包括学校、办公楼等被全部关停。在这种情形下，快递员却比从前更加忙碌。他们冒着被感染的风险，为居民送药、送餐、送口罩，送去各种各样的生活必需品，只是他们跑过的路程比以往更长，配送的范围更大，把数个小时的奔波与疲倦留给了自己。有一位快递员在社交媒体上分享了一些日常中的故事，引起了很多人的关注。有一次，他讲述的是一位医生在自家做好米饭，托他快递到医院正在救治新冠肺炎病人的同事手中。还有一次，他碰到一个被独自困在家中的客户，因与外界隔离而郁郁寡欢，这位快递员开导他、宽慰他，甚至在送完这一单之后，后续还返回到客户那里探望他是否安好。还有一次，他在一个不起眼的角落里救下了一只被困的小猫。人们在社交媒体上看到这位快递员记录的一点一滴，从中获得了力量，因为他们了解到其他人是如何面对封城生活的，也意识到他们依然与这个世界紧密相连。

在韩国，快递市场一直在以年均8.2%的增长率持续发展。

然而，平均每单的快递费已经由 10 年前的 15 元左右，降到了 2020 年的 10 元左右。快递的市场规模与快递从业人员的数量在增长，但行业的盈利水平却遭遇了困难。在此背景下，我们常常看到快递员与客户发生冲突的新闻。其实，无论是寄件人还是收件人，都应该更多地感念快递人员付出的辛苦。他们扛过的每一份包裹、递送的每一件物品，都流淌着我们经济的活力与生活的痕迹，而我们通常会忘记这一点。

作为韩国顶级的物流快递公司，CJ 物流是否可以生活记录的方式在社交媒体上分享快递员的故事呢？选择某一个具体的快递员的故事来分享恐怕会让人有所顾虑，所以 CJ 物流不妨创造一个虚拟人物来代表全体快递员，由快递员把自己的故事发送给管理员，再由管理员来负责 CJ 物流生命日志元宇宙的维护。快递员可以每天发一两个故事，或是不定期发一些自己印象深刻的事情。管理员对这些素材进行编辑，并以这个虚拟人物的身份发布在社交媒体上。客户看到这些故事时，应该会对快递员和他们的工作有更深的理解，由此形成一个充满体谅与善意的文明风气。客户使用快递软件时并不在意这项服务背后的操作，他们只会在镜像世界中查找自己的物品在地图上的位置与预计送达的时间。可是我们在软件中看到的东西并不会自己移动，是有人在挥汗如雨地扛着我们的包裹，把它们装到货车上，再安全地送到我们的家门口。我想，把其中的经过分享出来是件好事，到那时，再从熙攘的人群中擦肩而过时，我们会感受到更多的情感与温暖。

第七章

元宇宙并非
人间天堂

现实世界会消失吗？元宇宙与现实世界的关系

　　为什么人类一直想要创造元宇宙？数千年前，柏拉图曾经对游戏与神的关系缘起做过解释。他认为，神之所以创造人类，是因为这件事情可以娱神，人类在游戏的过程中，给神带来了欢乐。按照柏拉图的说法，神教给人类的游戏形式就是进行"模仿"，是以已有的事物为摹本，再造或制造一些类似的事物。比如，画家描绘的风景，是他仿制的大自然；音乐家创作的歌曲，是对自然中声音的模拟。这些都是视觉与听觉上的模仿行为。对人类而言，一个元宇宙就是一个可以进行模拟活动的巨大场所。所有的元宇宙都是模仿的产物：增强现实世界是对虚构故事的模拟，生命日志是以纪实形式对每个人的生命进行模拟，镜像世界是对现实世界的构建与事物间关系的模拟，虚拟世界是对想象中世界的模拟。无论创造某个元宇宙时创造者最初的目的是什么，身在其中的人寻求的是游戏性与娱乐性。喜爱玩乐才是"外卖的民族"应用软件中渗透着讽刺性与娱乐性内容的原因，尽管它并不是一款游戏，也不是网络漫画，但用户喜欢这些元素。只要爱玩的天性一直是人类的核心特征，未来各种各样的元宇宙就会层出不穷，这个领域就会继续扩大。

镜像世界元宇宙就是真实世界的翻版，但它是否意味着我们与现实世界的关系会不断弱化？随着虚拟世界元宇宙的壮大，真实世界是否会逐渐凋零？一个元宇宙可以让现实世界更加活色生香，同时也能让它更加黯然失色。新冠肺炎疫情肆虐之时，镜像世界成为力挽狂澜的工具，帮助众多小企业活了下来。人们还能继续在户外活动，从某种程度上来说是因为镜像世界提供了点餐、预约理发、追踪新冠病毒感染者的活动轨迹等功能。人们能够通过元宇宙举办演唱会、学习与开会。若不是元宇宙让这一切都变成现实，疫情期间我们的生活内容将会大打折扣。我们在生命日志元宇宙中与许多朋友交流，我们与朋友互发留言和表情分享彼此的心情。如果没有元宇宙，恐怕毕业后我们会与许多人失去联系。正因为在元宇宙中人们常常通过互发表情或其他方式保持着热络，三年未见的朋友在真实世界中再相见时才少了许多尴尬。换句话说，元宇宙让我们得以与现实世界保持更加紧密的关系。可与此同时，元宇宙也加深了人们对现实世界的担忧。人们越来越习惯于在元宇宙中，也就是网络空间中解决问题，在真实世界中抵御问题的能力反而被削弱了。

元宇宙一定不可以完全取代现实世界。有人想象过这样的世界，人类全部通过脑机接口生活在元宇宙中，由现实世界中的仿生机器人或人工智能系统自动为我们提供所需的营养。乍一听，这似乎是一种摆脱身体束缚，深度投身于精神世界的生活方式，然而选择这样的生活就意味着放弃了到真实世界中探索未来与挑战自我的可能。诚然，没有思想，现实事物的存在对于人类就没有意义，可如果没有现实世界，我们的思想便也不存在了。

逃避现实，还是拥抱挑战？

元宇宙与现实世界在奖励机制上有很大的差别。哈佛大学的桑斯坦（Sunstein）教授做过一个有关奖励机制的实验，参与实验的人在给定的任务下对应三种不同的奖励机制。第一种情况，参与实验的人成功完成任务后，会获得报酬；第二种情况，参与实验的人会先获得报酬再领任务，但如果任务失败，会收回全部报酬；第三种情况，参与实验的人无论是否成功完成任务，均不会获得任何报酬。你觉得哪种情况下，实验参与者的满意度最高，表现最好呢？结果显示，第一种情况下参与者的表现最好，第二种情况下表现最差。有意思的是，在第三种情形下，尽管参与者不会获得任何报酬，但人们表现出的结果竟然要好于第二种情形。这个实验结果充分表明人类对于失去某种东西的感受有多么强烈。在上述实验中，你觉得哪种情形更像我们在现实世界中最常遇到的处境?

想一想学校考试的打分方式。假如你一共回答了20道题,每道题5分,如果错了两道题,得分是多少?当然,是90分。不过你在脑中是如何计算的呢?你是把答对的18道题×5分得出90分,还是用100分减掉失分的两道题,由100-5×2得出了90分呢?如果你是用前一种方法计算的,对应的就是桑斯坦教授的第一种实验情形;如果你用的是后一种方法,对应的就是实验中的第二种情形。大多数人都会采用第二种方法,即从总分中扣掉分数。这样的人往往会觉得难过,因为他们的关注点在于自己做错了两道题,而不是答对了18道题。所以他们参加考试会感到煎熬,尽管他们的成绩并不差。再来看另一个例子,我们不会因为遵守交通规则得到特别的奖励,但如果闯了红灯就会被开罚单,这有点儿像上述实验中的第二种情形。

人类的大脑对于奖励与惩罚的反应是不同的。当我们得到奖励时,大脑伏隔核中的奖励区域会被激活,我们就会感受到愉悦;当我们受到惩罚时,脑岛中的痛苦感知区域会被激活,我们便感受到苦恼。在实验中设定同等力度的奖励与惩罚时,比如设定奖金与罚金均为10万元,人类对惩罚的反应强烈程度几乎是对奖励的两倍。换句话说,如果一个人从你这里偷走10万元,但不久之后又有人白送给你10万元,感受并不是"-10万元+10万元=0元",而更像是"-10万元×2+10万元=-10万元"。

大多数元宇宙的体系设计并不是围绕"减法"逻辑而来的,

比如设置罚款、惩罚或批评，而是围绕"加法"进行的，例如钱款奖励、等级提升以及成就祝福等。这就是我们如此享受元宇宙的原因。我们应该把现实世界中的减法逻辑变成加法逻辑，还是应该调整元宇宙的设计理念，把它向现实世界中的减法逻辑靠近？我们不能简单地苛责人们逃进元宇宙去寻求正面激励的甜头，因为现实世界中的剥夺感与失去感不可谓不多。在一个更注重正向激励的元宇宙中，人们想去做的反而是拥抱更大的挑战。相比减法逻辑，处在加法环境下的人更愿意去探索、交流和成就自己。

当我们在现实世界中落败于某事时，随之而来的失去感常常让我们深陷绝望。搞砸运营中的项目，或是拿到不尽如人意的成绩，我们面对的很可能是泡汤的奖金和父母的批评。然而在元宇宙中，如果我们失败了，并不会失去什么，相反，我们会被鼓励再做尝试。在这样的环境下，失败的体验反而成了我们越挫越勇的动力。这就是所谓的挫折效应。现实世界和元宇宙都应该能够通过挫折效应激励我们去不断挑战自我。

另一个令人疲惫的世界

20 世纪五六十年代，心理学家 B.F. 斯金纳（B.F.Skinner）做了一系列实验，研究什么样的奖励机制更能满足人的欲望。具体来说，是关于奖励的随机性与确定性的两种实验。举例来说，如果我在脸书上发了一个帖子，一种情况是我在一小时内通常会收到 10 条回复提示，另一种情况是我不知道一小时内会收到多少回复。哪种情况会更令我激动呢？答案是后者。不确定的奖励更容易令我们欲罢不能。同样也是出于这个原因，相比能够保证 2% 固定收益的储蓄账户，股票虽然有可能让我们血本无归，但是对我们却具有更大的吸引力。事实证明，许多赌博成瘾的人经常表现出的一大心理问题就是对不确定性奖励的痴迷。

我们在类似脸书这样的生命日志元宇宙中发帖后会期待什么？是朋友的评论或点赞。假设你更新了一条状态之后就去开会了，半小时后发现手机中出现 20 条脸书的消息提示。如果通常情况下你只能收获 10 条评论或点赞，那么在这么短的时间内收到 20 条消息便超出了你的想象，这时你会非常好奇到底是谁给了什么样的回应。生命日志元宇宙通过类似斯金纳实验中的随机性奖励机制，挑动着人们的神经。

我们从元宇宙中获得反馈的速度比在现实世界中快得多。如果你得到升职，把这条消息发布在脸书中，祝贺会迅速纷至沓来，远比在线下告知家人与同事之后收获祝贺的速度快。就这样，元宇宙又一次触发了我们自身的奖励机制，进一步激发了我们对赞美与认可的迫切渴望。

在元宇宙中，人与人的交流，以及人与系统的交流，都是基于响应的及时性与奖励的不确定性进行设计的。在社交媒体上发布信息之后，你是否有过这样的想法："为什么这次评论来得这么慢？以前反响比这个好多了，这次就这样了吗？"与真实世界中的交流相比，我们对元宇宙中的交流怀有更大的期待，可随之而来的自然包括更大的失望与焦灼。在前面所说的例子中，如果你在开会时就迫不及待地想提前查看收到的 20 条消息，那么可以说元宇宙已经在消耗你的精力了。

你是否玩过光荣（Koei）公司开发的游戏《三国志》？该游戏中的人物均是书中能征善战的历史英雄人物，每个英雄人物都带有各自的属性数据，可以对他们的指挥能力、战斗技能、智谋水平、政治谋略以及领袖魅力按 100 分为满分进行排名。

在体育赛事类的游戏中，通常会使用世界各地的真实运动员作为人物形象，每个运动员的能力也通过数字统计值来体现。据说许多运动员会为游戏给自己设定的能力参数而倍感压力。足球运动员米西·巴舒亚伊（Michy Batshuayi）对自己在足球游戏 *FIFA* 中过低的评级感到不满，甚至还多次通过社交媒体联系这款游戏的开发商 EA Sports，要求对方提高自己在游戏中的统计值。

巴舒亚伊曾经发帖开玩笑地说，就算为了给游戏中自己的角色提高属性值，他也得更加努力地踢球。在现实世界中，他真的在球场上贡献了不俗的成绩，于是 EA Sports 最终在游戏中提高了他的技术统计值。

如果在现实世界中我们真的需要在头顶或胸前戴一个显示屏，把我们的能力水平全部用数字量化表示并显示出来，会是什么景象？如果上班族佩戴的显示屏把他们的业务规划能力、文件编写能力、领导决策能力与解决问题的能力用数据标示出来，又会是什么景象？在元宇宙中，所有事物都通过数字来表示与管理。当我们在元宇宙中碰到其他玩家或 NPC 时，查看他们的数据似乎是一种非常高效的了解对方的方式，但如果想到自己在别人眼中也不过是一些数字，恐怕我们也会觉得很不受用。在职场中，用工作评估与绩效表中的数据来衡量我们已经令人非常不适了，如果现实世界中需要把这些数据戴在头上示人，想一想都会让人不寒而栗。

试想有一个像韩剧《天空之城》或《夫妻的世界》一样的元宇宙，你希望剧中角色的头上显示哪些能力数据？成就，社会地位，爱的能力，还是可信程度？这些数据类别会严重影响我们全面了解一个人的能力。当我们看到的是一个人的成就值与地位值时，就会忽略这个人的其他特点。一旦我们开始用数据衡量每种能力，就很容易仅凭细微的数据差别过早地对人盖棺论定。尽管元宇宙中许多事物通过数字化的呈现有效提高了信息的传递效率，但它同时会导致交流中出现以偏概全、浅尝辄止的遗憾，最终我们还是会为其所累。

为什么亚马逊值得惧怕：元宇宙尽在股掌之间

亚马逊最赚钱的业务是什么？许多人认为亚马逊最主要的利

润来源是亚马逊商城业务（amazon.com），因为这是提到这家公司时人们最先想到的内容。其实亚马逊的业务涵盖了很多领域，包括网上商城、订阅服务、线下零售门店、亚马逊金牌会员服务，以及亚马逊云服务（AWS）。通过多元化的业务领域，亚马逊2019年的总营业收入达到2805亿美元，相比上一年同期的2329亿美元，增长了21%；营业利润从2018年的124亿美元上升到2019年的145亿美元，同比增长17%。

AWS是亚马逊的一项云计算服务。如果你习惯于使用Naver云或谷歌云硬盘，可以宽泛地把AWS理解为专门服务于大型企业的一项类似服务。当然，AWS在规模与使用上与服务于个人用户的Naver云或谷歌云硬盘有所不同。AWS不仅提供类似微软Azure平台的存储业务，它还为全球许多知名互联网公司提供应用软件的运行平台与强大的云计算服务。无论是生命日志元宇宙、镜像世界还是虚拟世界，背后的运营公司都需要巨大的存储设备、稳定且具备极快运算能力的服务器级计算机，以及一个稳定的网络。亚马逊的AWS提供的恰是这样一套服务，可以把上述资源租用给其他公司。网飞、Twitch、领英、脸书等跨国公司都是AWS的客户。网飞是一家提供影视剧播放的流媒体平台公司，截至2019年已拥有1.67亿订阅用户。Twitch是亚马逊旗下专注于游戏主题的视频播放平台，类似于YouTube，只不过提供的是游戏相关内容。Twitch的注册用户已超过1亿人。领英是一个专注于商业领域的社交媒体平台，用户在这里上传的不是个人生活，而是分享求职信息、推荐同行业人才，或是分享所在行业的相关信息。截至 2020 年，领英已有注册用户 6.75 亿人。我在此简单介绍网飞、Twitch 与领英的原因，就是想说明一点：直到现在，即使是这样的大型公司也没有自己的服务器、存储设施与网络，这些设施的提供与管理全部依赖于 AWS。我们在第六章讲过的由 Big Hit 娱乐公司运营的应用软件 Weverse 使用的也是 AWS。也就是说，是亚马逊为 Weverse 以及 Weverse 中蓬勃发展的韩国流行音乐王国提供了所需的硬件设施与通信网络。

在亚马逊的全部业务中，AWS 的营业收入占比 13%，营业利润占比 66%。尽管 13% 的营收比例看上去并不算很高，但这部分业务创造的营业利润非常惊人。亚马逊其他业务创造了 87% 的营业收入，但只贡献了 34% 的营业利润；而 AWS 仅有 13% 的营业收入，却创造了 66% 的营业利润。换言之，AWS 的利润率达到了亚马逊其他业务的 13 倍以上。显然，AWS 才是亚马逊利润构成中的核心要素。

当然，亚马逊并不是云服务市场中的唯一选手。2019 年，亚马逊的全球云服务市场份额为 32.7%，位居第一，随后依次是微软（14.2%）、谷歌（4.2%）与阿里巴巴（4.1%）。也就是说，服务于世界各地企业的云服务市场，几乎有三分之一掌握在亚马逊一家公司的手中。同年，亚马逊用于提供 AWS 服务的服务器达到 130 万台以上，分布在 24 个国家和地区的数据中心中进行管理与维护，规模之大令人叹为观止。

　　元宇宙的存在需要依托于服务器、存储设备与网络。这些元素对应于现实世界，相当于道路、电力、公共供水系统与通信基础设施等社会先行资本。未来的元宇宙也将高度依赖于 AWS，因此，说亚马逊掌握着元宇宙中三分之一的社会先行资本并不为过。我们在 2020 年 1 月美国国会大楼的暴乱事件之后已经看到，亚马逊具备这样一种将一个元宇宙与其用户切割的能力。当一个叫作 Parler 的社交媒体平台被曝光可能部分参与了暴乱事件的策划之后，亚马逊禁止这家公司使用 AWS 服务，一度导致 Parler 这个生命日志元宇宙中断运营，直到它在俄罗斯找到了新的宿主与网络服务供应商。

　　我们再来看看其他几家与元宇宙的发展相关的公司。首先是微软。微软的 Windows 操作系统、家用电子游戏机 Xbox、平板电脑以及全息眼镜在未来会得到更广泛的使用，因为它们会成为连接元宇宙的设备。领英（2016 年被微软以 262 亿美元收购）与《我的世界》会分别成为微软扩大生命日志与镜像世界两个领域的重要平台。

　　第二家值得关注的公司是脸书。虽然目前脸书主要聚焦的业务仍然是基于手机与电脑的社交媒体服务，但已有迹象表明它正在通过元宇宙逐步扩大自己的业务范围。2014 年，脸书以23 亿美元的价格收购了一家虚拟现实设备制造商 Oculus VR 公司。2018 年脸书开放了 Oculus Rooms 平台，该平台允许头戴

Oculus 虚拟现实设备的用户进入一个虚拟世界，用自己喜欢的家具与物品装点自己的房间，邀请好友一起玩桌游，或者在 180 英寸的大屏幕上看电视。

2020 年 9 月，脸书在其年度"Facebook Connect"开发者大会上宣布公司计划加大在增强现实与虚拟现实领域的投入。脸书的虚拟现实设备 Oculus Quest 2 也揭开了面纱。与此前的一代产品相比，新发布的 Oculus Quest 重量减轻了 10%，分辨率提高了 50%，定价 299 美元，比原来低 100 美元。在"Facebook Connect"开发者大会上，脸书的首席执行官马克·扎克伯格称新冠肺炎疫情出现后，虚拟现实技术将会被更广泛地应用到会议与游戏中，脸书也会进一步加强相关领域的服务。

在此次大会上，脸书还推出了"无限办公室"（Infinite Office），这是一个面向未来的办公概念。用户通过 Oculus Quest 2 设备进入一个虚拟办公室后，眼前会出现许多巨大的显示器。用户可以对办公室的大小进行调整。在后疫情时代，居家办公将成为一种普遍形态，脸书采取的是将办公室搬进虚拟世界的策略。

脸书还介绍了与太阳镜制造商雷朋（Ray-Ban）的合作计划，拟共同推出智能眼镜。就像目前人人都会携带智能手机一样，脸书称未来人人都会佩戴智能眼镜。此前谷歌的智能眼镜未能在市场上火起来，恐怕只是它在这条路上的一个小挫折而已。为了进一步打磨这些服务，脸书已经创建了自己的研究中心"脸书现实实验室"（Facebook Reality Labs）。

当我们把脸书所拥有的巨大的客户群（截至 2019 年，脸书日均用户数量达 15.2 亿）、生命日志数据的积累、Oculus 虚拟现实业务，以及马克·扎克伯格这个从不畏惧挑战的创始人综合在一起来看时，我认为脸书未来绝不会局限于目前基于智能手机与文本形式的社交媒体业务，而是会通过增强现实与虚拟现实技术手段缔造全新的元宇宙。

第三个要考虑的公司是谷歌，准确来说是它的母公司 Alphabet。尽管这家公司此前推出的谷歌智能眼镜未能获得成功，但它一直在努力将谷歌的生态系统与我们的日常生活以及国内环境关联在一起，此前的谷歌助手、Nest 智能家居以及 Fitbit 可穿戴设备都是谷歌为此所做的尝试。特别值得一提的是，镜像世界元宇宙所需的核心资源之一，就是能够最大限度复刻现实世界中各种信息的地图数据。我们在本书前面的章节中对此有过讨论。全球大多数镜像世界的运营公司所使用的地图均由谷歌地图提供。在提供地图数据的过程中，谷歌会密切关注和记录每一个镜像世界中发生的事情。从本质上来说，谷歌提供地图，各个公司与机构通过地图信息建立不同的镜像世界，而在这些镜像世界中千百万用户的活动数据最终通过谷歌地图回传给了谷歌。

最后，我们还需要考虑游戏公司。如果想要元宇宙呈现全浸入式的视觉效果，尤其是增强现实与虚拟世界元宇宙，游戏公司开发的图形技术非常关键。我们应当紧密关注 Unity 技术公司（Unity 游戏引擎的开发商）与艺铂游戏公司 [虚幻引擎（Unreal Engine）的开发商]。在目前游戏开发所需的 3D 图形引擎市场中，这两家公司的实力无可匹敌。特别提醒的是，艺铂游戏正是我们此前提到过的游戏《堡垒之夜》的创造者。另外，中国公司腾讯的动向也值得关注。从营收规模来看，腾讯是全球最大的游戏公司。基于其强劲的财务状况，腾讯已经大比例入股或收购了全球许多顶尖游戏开发公司的股权，比如艺铂游戏、Supercell、暴雪公司、育碧游戏软件（Ubisoft）以及拳头游戏公司。随着元宇宙的发展、游戏公司影响力的扩大，腾讯的地位将会更加稳固。

拥有的一切都不属于你：你确定都是你的吗？

元宇宙大多是在数字环境下实现功能并完成管理的。从本质上来说，元宇宙中产生的大部分信息与人们所拥有的资产都是以数字格式进行储存的。这些数据归谁所有呢？每一个元宇宙都归某个具体的公司所有，不过我们在这些元宇宙中的活动所产生的数据是否属于我们呢？答案很简单，除了个别特殊情况，元宇宙中生成的数据通常都不属于我们自己。

首先让我们来看一看社交媒体与生命日志。虽然很难找到确切数据，但是据估计全世界有超过三分之一的人会在社交媒体上发布信息。人们通过文字或照片的形式把自己的日常生活与思想感悟上传到社交媒体中。一旦这些信息上传到社交媒体，它们就归运营社交媒体平台的这家公司所有。你可能会问：这是我写的内容，是我拍的照片，为什么归这家公司？我们在注册社交媒体平台时点击确认同意的条款中包括这样的条件，即平台运营方有权使用或重复使用用户上传的文字与图片信息。我可以删除或修改我上传的内容与图片，但我拥有的权限也仅限于此。即使我把文字与图片信息删掉，平台依然有权在需要的时候使用它们。更有甚者，就算我删掉账户，平台依然保留着我在此之前上传的文字与图片信息。如果我离开人世了呢？情况依然不会有什么变化。许多国家允许已故用户的家人访问他们的数字账户，也就是说家人可以删掉其中的内容。然而，要想删掉所有数据非常难，特别是那些已经被平台运营方备份或分享过的数据。

我们可以通过一些游戏的例子来分析虚拟世界元宇宙中的所有权问题。我们在游戏中收集物品，花时间让自己的人物在游戏中成长。我们在游戏中获得的各种物品，比如各种剑、枪、铠甲、装备等，它们的所有权归谁？根据许多地方的现行法律，我们在游戏中所使用的物品，其法定所有权并不归我们，而是归游戏公司。更严谨一点儿来说，这些物品甚至也不属于游戏公司，后面我会详细解释。由于游戏中的物品并非实物商品，游戏公司拥有的其实是它们的版权。玩家支付的费用，只是购买了这些物品的使用权。这一点在我们注册游戏的时候，已经由游戏公司在冗长的注册条款中声明过了。比如，某家游戏公司的条款是这样的："关于我司提供的游戏服务，我司仅按照我司规定的使用条件授权用户对游戏、角色、游戏物品以及积分点数进行使用。用户不允许与任何第三方擅自处置游戏中的物品，包括对价转让、售卖或抵押。"总而言之，我在游戏中拥有的物品，在法律意义上并不能被认定为我的私人财产。

从根本上来讲，由于游戏中的物品并不能被认定为商品，它们的所有权也就无法保证。同理，由于游戏中的物品不是商品，即使出现问题，构成盗窃、损毁或非法挪用的条件也不成立。然而，如果你偷偷用别人的账号把他人的游戏物品转移到你自己的账户中，这就构成了欺诈。即使这些物品不是商品，它们依然是法律认定的财产收益。

假设游戏中的物品所有权归个人所有，还会导致出现一些复杂的情况。首先，游戏公司升级现有物品或推出新品会成为一个问题，因为这会对个人手中现有物品的价值造成影响。于是在更新换代与推陈出新之前，游戏公司需要提前取得个人用户的许可。其次，游戏公司无法终止游戏服务。一旦服务终止，游戏中的个人物品就无法使用，因此想要终止服务，游戏公司将不得不花钱回购个人用户手中的所有物品。

常有一些报道称有人买卖游戏中的物品，不过是否属实有待查证。韩国的游戏公司禁止现金买卖游戏中的个人物品，但由于国家法律并未禁止此类行为，因此即使发现有人私下交易，也不会受到法律惩处，只会受到一些轻微的处罚，比如根据游戏公司的规定暂时关停个人游戏账户。尽管游戏公司不允许对游戏中的物品做现金交易，但据估计，韩国的游戏物品交易市场规模已经超过 13 亿美元。从另一个角度来讲，虽然游戏公司明令禁止上述行为，但是活跃的游戏物品交易市场其实为公司增加了更多用户，因此游戏公司常常对此睁一只眼闭一只眼。毕竟到头来这些游戏物品依然属于游戏公司，游戏公司没有必要大费周章从中阻挠。

其他形态的虚拟世界元宇宙中也存在类似于游戏中的所有权问题。我们前文提到过游戏 *Upland*，有一些元宇宙也像这款游戏一样使用区块链来确保用户的所有权，但这样的方法目前并未普及。*Upland* 通过区块链技术对用户的财产（土地证）与 UPX（游戏中的虚拟货币）进行管理，目的在于保证用户所有权的安全。不过，类似这样的安全措施日后是否会成为元宇宙中的标准操作，我们还需拭目以待。

元宇宙中的饥饿游戏

一个元宇宙实质上就是一个世界。正如现实世界有律法，每个元宇宙也有其自身的规则，需要身处其中的人来遵守。然而，如同现实世界中有不守法的人一样，元宇宙中也存在法外之徒。这是我在这一小节想要探讨的话题。

在大多数元宇宙中，对用户最严厉的处罚就是永久封号。所谓"封"，原是禁止做某事之意，在元宇宙中，"封禁"这种处罚意味着用户的账号被删除，再不允许该用户回到这个元宇宙中。被封号的通常是制造麻烦的用户，比如在社交媒体等生命日志元宇宙中发布淫秽内容的人，在外卖软件平台等镜像世界中通过大量虚假点评操纵商户评级的人，或是在游戏等虚拟世界中使用代理机器人程序的人。

从用户个体的角度来说，封号意味着自己被永久驱逐出某个元宇宙，几乎等同于元宇宙给他判了"死刑"。不过，这种"死刑"与现实世界中因犯罪而被判罚的死刑不同。只要在元宇宙中注册时不要求用户提交护照或身份证号等唯一的身份识别信息，人们就有可能以伪装身份回到元宇宙。简单来说，在只需要用户邮箱或电话号码就可以进行注册登录的元宇宙中，被封号的用户可以利用其他信息重新注册。当然，新账号不会与从前的账号有任何关联，但用户完全可以以新的身份在元宇宙中逍遥。由于捏造一个新身份太容易了，许多用户对于在元宇宙中破坏规矩并不会有所忌惮。就算账号被封，只需再建一个新号就可以继续从前的勾当。为了解决这个问题，有些元宇宙会追踪封号用户所用的硬件设备，并禁止该设备访问这些元宇宙。假如某个运行代理机器人程序的电脑或上传过淫秽信息的手机等设备的唯一识别码被查到，即使用户注册了另一个账号，也无法再通过这台电脑或智能手机访问元宇宙。这种方式似乎非常强硬，也很有效，但同时也会对事先并不知情的二手电脑或手机用户造成影响。

如果有些人在元宇宙中的行为触犯了现实世界中的法律，那么他们就得接受现实世界中的法律的惩处。在上文所述的例子中，通过社交媒体上传不雅内容的行为就属于这种情况。但是，在游戏中使用代理机器人程序的行为尚无法按照现实世界的法律进行处罚。尽管这种行为严重扰乱了元宇宙中的经济秩序，但现行法律并未禁止通过代理机器人程序获取元宇宙中数字化物资的行为。因此，目前只能通过元宇宙中的内部规定对此行为进行管束。

每当元宇宙中制定出规则禁止某些行为时，总有些有心之人能很快找到方法，狡猾地绕开这些规则。于是，许多受到影响的用户会向元宇宙的运营商举报此等不轨行为，元宇宙的运营商便会对原来的规则进行修订，暂时阻止了钻空子的行为出现。可是一旦好事者在修订后的规则中发现漏洞，他们又可以开始兴风作浪。这是规则制定者与破坏者之间永无止境的较量，与现实世界中的情况如出一辙。

元宇宙中的秩序无法仅凭元宇宙运营商制定的条款与规则来建立。用户自己必须能够尊重元宇宙中的世界观，并努力与其他用户共存。许多镜像世界中入驻了现实世界中的各种商户。如果人们在镜像世界中对这些商户发布虚假信息，编造不实评论，这样的镜像世界可能健康发展吗？我们无须通读元宇宙中的种种条款与规则就可以知道，这些行为早晚会造成问题。

世界上现存最早的律法之一是《乌尔纳姆法典》。这是人类历史有记载以来的第一部成文法典，据估计在公元前 2100—前 2050 年由古巴比伦王国进行过修订。这是否意味着在法典出现之前，人们生活在一个无律法可言、终日自相残杀的社会环境中？《乌尔纳姆法典》非常简短，只有 27 条法律条文，但你是否认为只要犯下的罪行没有被包含在这 27 条条文中，就可以免受处罚？事实并不见得如此。随着文化、经济与社会体系的发展，人们制定出更健全的法律，内容也愈加复杂。元宇宙也是如此。元宇宙的形态如此多元，呈现形式一直在不断变化，很难用一个单一的实体概念进行定义，因此也很难预知其中会出现什么问题，应该用什么具体的条款与规则加以约束。元宇宙要想获得稳定的发展，其中的各种条款、条例等律法约束应当不断进行完善。但更重要的是，我们每个人能够自觉自愿地建立和维护其中的秩序，共同维护元宇宙世界的道德标准。人类曾经建设出一个成熟的文明社会，现在又创造出丰富的元宇宙。如果元宇宙中的文明程度只能处于一个原始水平，或许我们在现实世界中打造的文明本质上也并没有高级到什么程度。

NPC 与人工智能有权利吗？

我想聊一部名叫《西部世界》（*Westworld*）的美剧。由于接下来的内容中会有一些剧透，我不希望它会破坏任何人的观剧感受，所以如果有人还没有看过这部剧，而且特别讨厌剧透，建议先不要读这部分内容。《西部世界》这部剧改编自 1973 年由迈克尔·克莱顿编剧与执导的同名电影。

《西部世界》第一季共 10 集，由 HBO 电视网于 2016 年播出。这是我看过的最棒的一部美国电视剧。剧中的时代背景设定在未来的某段时期，地点是一个围绕西部荒野的概念所设计的主题公园，居住在这里的都是具有先进人工智能水平的仿生人（与人类相似的机器人）。事实上，这些仿生人都是主题公园中的 NPC 角色，但有一点儿别扭的地方在于，这些仿生人认为自己是真人。他们并不知道自己是机器人，只以为自己是生活在西部荒野时代的人。这个主题公园的游客花了很大价钱来此体验真实的狂野西部大冒险，每天的价格大概在几万美元。他们可以体验到狂野西部主题电影中出现的各种事件，比如与地方势力和不法分子交战、赌博、抓恶徒等，还能体验寻找隐藏金库的刺激。游客像狂野西部中的人一样，每天生活在这个巨大的主题公园中，自然而然地参与各种冒险活动。这种体验就好像在玩电脑中的闯关游戏，但玩法完全不一样。与我们所熟悉的大多数游戏不同，游客不会看到闯关窗口的提示，也不会看到自己头上的血条还剩多少。在《西部世界》中，所有事件都是自然而然发生的。假如你在酒吧里喝着酒，旁边一个独眼龙无意间透露了关于金库的事，如果你对此感兴趣，就可以接着跟他聊，然后与他一起踏上掘金之旅。

由于游客参与了其中的活动，许多 NPC 在这个过程中会中枪死亡，或是受重伤，到晚上 NPC 都睡着时，主题公园中的一个大型研发中心会修复死掉的或受损的 NPC。修复完成后，NPC 会被植入记忆，再放回公园中。那些没有受过伤的 NPC 记忆也会被重置，这样一来他们就可以像往常一样迎接新来的游客。

剧中有一个情节给我留下了深深的创伤。在这场大型游戏中，有一件很多男性游客似乎都喜欢的事，但它残酷又荒唐。剧中间接描述过一个场景，游客可以强暴一名年轻的 NPC 姑娘，她的身份是一个农夫的女儿。每一次，这个主题公园都会修复这名 NPC 姑娘，抹除她的记忆，然后迫使她一次次地重复经历这样的事件。这个情景引起我极度的生理不适。当时我所感受到的难受与我此前在一个游戏中体验到的某种感觉有些相似。我在玩《侠盗猎车手》（摇滚之星游戏公司创建的元宇宙，里面涉及车辆盗窃与其他一些犯罪行为）时，里面的一个情节是一个男人遭受严刑拷打，画面极为逼真。因为感受到巨大的不适甚至恶心，我不得不跳过这个情节。但是《西部世界》中的这个事件冲击力更大，更令人作呕。

我们人类与动物的区别究竟是什么？当然标准有很多种，但我认为人之所以为人，最主要的区别就在于人类"为自己的行为负责任"。看《西部世界》时我之所以感觉不舒服，就是因为主题公园中呈现的人性令人生厌，在不必承担后果时人竟然可以胡作非为至此。

在网络游戏呈现的虚拟世界元宇宙中，人们常常会被卷入暴力行径，比如偷盗车辆、向 NPC 开枪等。这些事件在游戏中的呈现形式有的是显示屏上的二维图像，有的是虚拟现实眼镜显示的三维图像。但如果这些 NPC 像《西部世界》中一样都是真实存在的仿生人，你会是什么感觉？在道德层面上你能接受这么做吗？反过来想，如果有些事我们认为不应该对实体仿生人做，那么可以对二维或三维图像中的人做吗？虚拟世界元宇宙已经做得越来越精致，真实感越来越强，我们需要严肃地想一想元宇宙中应该采用哪种类型的世界观与互动方式。这是一个需要元宇宙的开发人员与元宇宙的使用人员共同解决的问题。如果我们不够小心，我们创造出的世界将看似充满探索、交流与成就的乐趣，实际却为肆无忌惮的行为当了幌子，一念之差，人便沦落到禽兽不如。

江湖不问出处

我从前很喜欢玩一款游戏，是由芬兰赫尔辛基的 Supercell 公司开发的《部落冲突》。在游戏中，15~30 名玩家组成一个部落（也就是一个队伍），与其他部落进行战斗。赢得战斗的部落会获得丰厚的奖励，每一个玩家都可以把得来的奖励用于建设自己的村庄。不喜欢参加部落大战的玩家也可以通过与单个玩家对决来发展自己的村庄。不过就像游戏的名字一样，部落之间的遭遇战才是游戏的精华所在。每个部落都有一个"部落首领"的角色，主要负责组织战斗与鼓励部落成员参战。

当时我所在的部落有 50 名成员。我们每周与其他部落打一两次仗。在战斗开始前，总会有一些之前表明想参战的人在约定的战斗日当天缺席，或者干脆联系不到。对 30 人规模的团战来说，少几个人会把整个部落的战斗置于非常不利的地位。还有一些人在战斗中完全不执行此前约定好的战斗策略，而是为了刷高自己的个人分数疯狂发起攻击。由于这种情况几乎每次都会发生，战斗结束之后，总会有人在部落聊天室中批评这些成员，试图把他们踢出部落。我们当时的部落首领用户名为"大主教"。每当战斗结束后有人在聊天室中义愤填膺、措辞激烈时，他总会安抚众人的情绪，让大家冷静下来。他会给坏了规矩的成员道歉的机会，并让他们解释原因，在这个过程中，其他成员的愤怒情绪也得到了缓和。

有一天，一位在海外工作的部落成员在聊天室中说起他很快要回一趟韩国并短暂逗留，想与部落的其他成员在线下见个面。另一位部落成员是一家大餐馆的厨师长，提议大家来他的餐馆聚会。由于我从未在现实世界中见过部落中的任何成员，因此也希望参加这次活动。很多部落成员也在聊天室中纷纷留言，赞成这次聚会。然而，"大主教"却留言说那天他无法到场，因为到了考试期，他们非常忙。有一位成员问道："您是位老师吧？在哪个学校呢？"大主教却答道："您误会了，我是个中学生，现在到了考试期，我父母肯定不同意我出去参加什么聚会。"我的脑中一阵轰鸣。我曾经依稀以为大主教是一个跟我同龄的男人。从聊天室中突然安静的空气来看，其他成员恐怕也惊呆了。就这样，线下聚会的提议便不了了之。

回顾过去，在线下见面的提议出现之前，我们从来没有问过队伍中任何人的年龄、性别、职业和所在城市。可就算是这样，几个月以来我们都能组成 30 人的队伍四处征讨其他部落。我们形成了一个元宇宙社区，尽管我们甚至都不知道队友们在现实世界中最基本的信息。

《大数据期刊》（*Journal of Big Data*）在 2020 年春季发表过一篇研究报告，研究通过电话记录（如短信、语音电话等数据）与话费清单是否有可能推测出人的年龄与性别，取样范围是某个通信公司的 18000 名客户。研究人员发现，仅凭大数据的分析，他们就可以正确推断出 85.6% 的人员性别与 65.5% 的人员年龄。同样在 2020 年春天，在芬兰的某次会议上出现了一份报告，通过计算机算法分析网上人们交流的文本信息来推测性别与年龄。在一个涉及几百人的测试中，计算机算法在某个范围内推测的年龄段（不是准确年龄）准确率达到 83.2%，性别准确率达到 82.8%。这样的数据算得上高精确度的算法吗？如果你在真实世界中遇到一个人，你能在多大程度上猜得准对方的性别与年龄呢？我认为你一定比这些研究报告中的算法估计得更准确。你可以凭视觉信息做出猜测，如果能与对方聊上几句，猜测就有更多细节可依。然而在元宇宙中，要想通过一个人的行为与文字交流给人留下的印象去准确判断这个人的年龄与性别，难度比在现实世界中大很多，而且要复杂得多。想一想我们在第三章探讨过的多重人格形象。我和你一样，我们在元宇宙中表现出来的形象与真实世界中的自己并不相同。现实世界中我们本可以看到的人，在元宇宙中都变成了图像或虚拟替身。因此，万万不可轻信我们对元宇宙中人口背景所做的粗浅判断。

假如你还是想问一问元宇宙中其他人的年龄与性别，会是什么情形呢？Z世代，元宇宙的核心客户群体，倾向于不去过问别人的身份信息。这就是这代年轻人之间的一种文化共识，你在真实世界中是谁并不重要。而且他们不仅在元宇宙是这样，在现实世界中交朋友时，这一代人也不会问对方的年龄、性别或国籍。很久以来，相比韩国的文化，西方文化中对于朋友间的年龄差异并不敏感。如今的韩国，人们对于年龄差异的看法自Z世代起也发生了变化。他们很享受与来自五湖四海的朋友结交，对于年龄、性别、国籍等人口信息毫无介怀。他们认为在成长的过程中多个朋友多条路。当你在元宇宙中遇到某个人，我希望你甚至不会去想他们年龄多大，是男是女。如果你与这个人趣味相投，交流甚欢，这就够了，年龄、性别又有何妨？

如果你觉得只有知道一个人的真实身份才能与对方走得更近，我还想给你讲一个故事。故事发生在一个叫作《星战前夜》（*Eve Online*）的元宇宙中。这款游戏以宏大的太空为背景，玩家在其中可以挖掘资源来发展经济，或者驾乘太空飞船向敌方领地发起战争。

2020年6月，一位名叫Chappy78的玩家确诊了晚期胰腺癌。他的生日很快就到了，但他不知道这是不是自己的最后一个生日，于是他想做一些特别的事来庆祝这一天。他在《星战前夜》论坛上发了条信息，说明自己想在游戏中发动一次规模空前的战争。在他生日当天，数千名看到他留言的玩家齐聚在之前约定的碰头地点。装备精良的玩家悉数穿戴上自己的顶级装备，希望最后给Chappy78带来一次不可思议的大战。所有参战的玩家都像目睹了一场烟花表演一样，盛况空前。由于同时聚集在一起的玩家人数过多，导致游戏过载，运营商不得不介入解决这个问题。他生日那天的那场大战创下了《星战前夜》元宇宙中史上规模最大的战斗纪录。聊天信息中到处都是生日祝福，参加大战的玩家还发起了募捐活动，并把筹款交给了Chappy78。这一系列活动都发生在从未在现实世界中见过面的人中间，他们完全不在乎各自的年龄与性别，只是单纯地共同生活在同一个元宇宙之中。在现实世界中，我们认为人与人关系的亲疏与年龄和性别有必然关系，这样的刻板印象在元宇宙中并不成立。

荷兰的组织行为人类学家霍夫斯泰德（Hofstede）提出了一个概念，叫作权力差距指数（Power Distance Index，简称PDI）。简单来说，这个指数指代的是在一个群体中，当地位较低的成员向地位较高的成员表达不同意见时所感受到的心理抗拒与心理负担的程度，指数越高，说明我们越无法勇敢地向我们的领导、老师或其他年长者表达意见。研究人员对不同国家的这个指数做过测量，结果显示韩国的这一指数为 60 分，在经济合作与发展组织国家中排第四。也就是说，向领导、老师或年长者表达意见，对韩国人来说并不是一件容易的事。元宇宙极大地帮我们降低了对这个指数的敏感程度。在元宇宙中能广交朋友、扩大交流范围，对我们来讲是一件好事。

粗野行径的爆发

人们在元宇宙中的行为是否比在现实世界中粗野？这是我想在此探讨的问题。现实世界与元宇宙中都存在这样的人，他们攻击别人、折磨别人，却声称自己没有意识到会对别人造成伤害。对这种情况有两种解释：要么这个人在撒谎，要么这个人不正常，无法对他人的痛苦产生共情。大脑的边缘系统是人脑中的情感中心，它与镜像神经元相连，能够让我们感知到别人的情绪。当我们目睹他人的悲喜时，即便并未亲历，我们的镜像神经元与大脑边缘系统也能让我们感同身受。当然，我们的这种感同身受，在程度上可能没有那么深，感受上或许也有些微差别，但一个人感到开心的时候，我们不可能认为他正在受苦；反之，如果一个人正在承受不幸，我们也不可能觉得他很快乐。因此，在正常情况下，给别人造成痛苦的人一定知道对方经受着煎熬。

从这个意义上来说，现实世界与元宇宙有许多相似之处。第一，人在欺负别人时会产生一种优越感，被欺负的人在他们眼里低人一等。第二，当一个人参与到一群人的霸凌行为中时，会找到归属感，觉得与这群人志同道合。第三，人在欺负别人时会有一种类似于猎捕的刺激感。简而言之，在霸凌事件中，最常见的情况往往是一些盲目认为自己高人一等的人凑在一起，在对别人穷追猛打的过程中享受刺激感。

然而，有些现象是元宇宙中独有的。第一，正如我们此前提到过的，人们在元宇宙中交流时通常不会透露自己的个人身份，这就导致人们可以以匿名身份做出不负责任的行为。第二，我们在元宇宙中与人交流时，只是部分调用了现实世界中的五感。即使我们使用的感觉器官完全一样，在元宇宙中吸收到的信息质量往往也比不上现实世界。无论显示屏有多大、多清晰，在视频会议中我们总是无法像在面对面交流时一样，捕捉到对方所有细微的面部表情。我们的感观没有得到充分利用，获得的信息受到了局限，这些因素共同削弱了我们的临场感，降低了与他人的共情程度。第三，从施暴者的角度来看，忌惮感也被大大削弱。在现实世界中欺负或殴打他人时，人或多或少对别人是否会反击、自己是否会受惩处有所顾忌。在这种情况下，大脑中的杏仁体会刺激释放肾上腺素，提示身体周围有危险。在现实世界中，施暴者与受害者都会因为肾上腺素的猛烈释放而感受到恐惧。然而在元宇宙中，施暴者觉得自己非常安全，因为他们远在十万八千里之外，还隐藏在匿名身份之下，大脑的前额皮质区域会让他们确信自己十分安全。有了这样的安全保障，施暴者本来应该能感受到的恐惧感反而成了一种刺激感。在本节的开头我问了这样一个问题："人们在元宇宙中的行为是否比在现实世界中粗野？"在元宇宙中，匿名身份的掩护、共情能力的下降以及恐惧感的消退共同造成了人在其中责任感的缺位，因此与在现实世界中相比，人的攻击性行为更加猖獗。

怎样才能解决这个问题？第一，我们可以继续提供匿名身份，但同时应该建立相应的机制，确保用户对这个匿名身份的行为负有逃不开的责任。第二，我们应对被攻击的一方抱有同理心，并共同向攻击者表达这样的感受。大家的情感共识有利于保护受害者，同时有助于唤醒攻击者日渐消失的同理心。第三，我们应该在元宇宙中提供其他方式，释放人们被压抑的需求。说到底，我们应该找到一些可以被社会接受，同时又不会对他人造成伤害的方法。

为避免对元宇宙不太了解的读者在读到这部分时把元宇宙当成一个野蛮之地，我想讲三个与野蛮和攻击性完全相反的小故事。第一个小故事发生在《精灵宝可梦》元宇宙中。《精灵宝可梦》有一个功能叫作"奇迹交易"（Wonder Trade），用户可以通过此功能相互交换手中的小妖怪。每个用户都可以选择自己想交换出去的宝可梦，系统会随机匹配一个用户完成交换。由于整个过程随机发生，许多人把它当作一个处理无用的宝可梦的途径。然而，有一天有位用户提议在圣诞节发起一个活动，让大家把手中比较厉害的宝可梦拿出来作为礼物换给新用户。许多高级别的玩家欣然参加了这个活动。他们为新手玩家准备了许许多多高质量的宝可梦，活动一开始，就把它们满怀热情地送了出去。直到今天，这个活动都会在每个圣诞节举办。参加这个活动的人只需想到能给不知名的玩家带去喜悦，就会十分开心。

第二个小故事是我们在游戏《永恒之塔》（*Aion*）中看到的景象。《永恒之塔》中的玩家通过练级来提高自己的人物等级。这个过程需要花费大量的时间、金钱与精力。韩国大学金惠康教授（Huy Kang Kim）的研究团队做了一些观察，看游戏中的高级别玩家是否会帮助低级别玩家。此后，他们继续对这些接受过高级别玩家帮助的低级别玩家进行观察，看他们自己在练高等级之后有什么样的行为。研究人员发现了非常美好的一面：那些在低级别时期接受过帮助的玩家中，80% 的人会在自己达到高等级之后主动去帮助其他低级别玩家。游戏中没有任何规定要求这些接受过帮助的玩家以后必须去帮助谁，可为什么还有 80% 的人会这么做呢？很简单，赠人玫瑰，手有余香，这是元宇宙中形成的一个良性循环。

第三个故事是关于游戏《天堂 2》的。通常如果同时登录游戏的玩家人数太多，游戏运营商为了分担荷载，会同时在多个服务器上运行多个一模一样的游戏元宇宙。游戏中有一些玩家团体叫作"公会"，它们基本是由一些喜欢一起玩游戏的人组成的。

每个服务器中都有许多公会存在。按照这个元宇宙的规则，哪个公会控制着某片地域，这片地域上的经济收益就归这个公会所有。在巴茨服务器上有一个名叫"恶龙骑士"的公会，它控制了这个服务器，并把整个服务器的税收从原来的 10% 增加到 15%。税率的突然上涨给这个服务器中原本其乐融融的其他玩家造成了沉重的负担。结果，自 2004 年起，控制着巴茨服务器的"恶龙骑士"与它的反抗者组织的"巴茨联盟"陷入了长达 4 年的战争。这场战争前后共有 20 万人参与，最终以巴茨联盟的胜利告终。

这场战争的特别之处在于，许多本在其他服务器上的玩家为了推翻"恶龙骑士"的压迫政权，自发转移到巴茨服务器上来参战。为什么人们会费这个力站出来抵制发生在另一个服务器上与他们本无关系的暴政？与现实世界一样，正义与邪恶，和平与分裂，分享与独占在元宇宙中也是一直并存的。在这两个世界中，面对同一事物的一体两面，我们所做的选择和愿意承担的责任，最终决定了天平会在多大程度上倒向哪一方。一切都取决于我们。

后记

庄周梦蝶与《黑客帝国》

　　你可曾听过《庄子·齐物论》中"庄周梦蝶"的故事？韩国的小孩常在学校的教科书中读到这个故事。据我们在学校所学，梦蝶的故事论证的是人生的虚无，不过不同学者对这个故事的解读区别很大。在庄子的梦中，他变成了一只蝴蝶，扇动着翅膀四处飞舞，浑然忘了自己是庄子。当他从梦中醒来时，依然记得自己是只四处飞舞的蝴蝶，于是他想，谁又能说他不是一只蝴蝶，在梦中变成了一个叫庄子的人呢？庄子可以变成蝴蝶，蝴蝶也可以变成庄子。蝴蝶在梦中穿行在庄子的脑中，庄子在现实中带着蝴蝶的记忆。这两者本是毫无关系的两个事物，却在这里达到了统一。庄子的存在有意义，因为他存在于现实中；蝴蝶存在于梦境中，却不能说明蝴蝶没有意义。同理，现实世界中的"我"与元宇宙中的"我"本是紧密相连的。现实中的我与元宇宙中的我相互影响，相互依存，是一个统一的整体。元宇宙是现实世界的延伸，是我可以变成蝴蝶展翅飞翔的另一片天空。

令人诧异的是，相较于庄周梦蝶的玄妙，许多人从更科学化的角度质疑过现实世界的存在。作家及未来学家雷·库兹韦尔（Ray Kurzweil）称整个宇宙或许只不过是一个中学生的科学实验。麻省理工学院的宇宙学家阿兰·古斯（Alan Guth）的观点是尽管宇宙是真实存在的，但它可能只是一个具有超常智慧的物种所做的实验，就好比生物学家出于实验目的培养的菌落。埃隆·马斯克曾断言我们的整个宇宙都是一个巨型计算机的模拟世界。这个观点与电影《黑客帝国》的世界观非常相似。如果这些说法是真的，如果我们所感受到的现实世界是由这个现实世界之外的人所创造的元宇宙，我们的生命意义会有所改变吗？我们是否要以不同于现在的方式生活？我想，我们依然会像从前一样，在这世间挑战自我、成就自我，去分享，去生活。我们感受到的现实世界到底是不是别人创造的元宇宙，似乎对我们的存在来讲并不重要。是或不是，我们所思、所想、所选、所做的每时每刻都无比珍贵。从这个意义上来讲，我们在元宇宙中的生活也同样如此。

元宇宙的使用指导与注意事项

有人把元宇宙看作一个新的商业平台，有人把它当成一个新的游乐场所，还有人把它当作逃避现实的一个新去处。当你因如潮的烦恼和不快倍感压抑时，可以到元宇宙中短暂逗留，纾解情绪，忘却烦忧。然而，元宇宙不应成为彻底把现实抛诸脑后的一种方式。无论元宇宙中的世界多么精彩，它得以存在完全是因为我们还有现实。如果我们来到元宇宙只是为了逃避迫在眉睫的问题和责任，它反而会毁了我们的真实生活。元宇宙应该是一个能够丰富人生的地方，而不应成为任何人永久的避难所或牢笼。如果你梦想建造一个元宇宙，我希望你能仔细想想你的目的是什么，你希望如何用你的元宇宙来拓展我们的生活？如果你是一名元宇宙的使用者，我希望你能想想自己为何来到元宇宙，元宇宙又是如何丰富了你的生命。

无论我们努力创造的元宇宙有多么深邃的世界观，吸引了多么大的用户群，提供了多么丰富的交流方式，现实世界中总有些价值是元宇宙无法实现的。哪些事是元宇宙无法企及的呢？我能想到几点，比如生与死。生命的起点和终点确乎超越了元宇宙的范畴。我们从元宇宙的世界中进进出出太容易了，可是我们的生命，始于一次生，终于一次死，一生只此一次的生命之重却是那个世界承受不来的。我非常重视元宇宙的效用，但不会希望它取代我们的生活。

互联网与智能手机之后，轮到元宇宙了吗？

在现实中，有人会尝试做一些我们只在科幻电影中见过的事情。比如，我们能看到为了增加自身的某些功能，在身体内植入电子芯片与电路的"改造人"。美国一位 31 岁的女士温特·姆拉兹就是这样一个例子。她在体内植入了许多电子芯片。她的一只手中植入了一个 RFID（射频识别）芯片用作钥匙，另一只手中植入了一个 NFC（近场通信）芯片，里面存着名片与健康信息。

还有人尝试在体内植入摄像头或液晶显示屏等智能手机的功能。总有一天，我们能够制造出强于人类眼睛功能的人造眼球，帮我们看到更细微的东西，看到叠加在现实世界中的信息，记录我们视角下的画面并通过通信网络发送给其他人。虽然我们目前还没有达到这样先进的技术水准，但这一天正在到来。澳大利亚的仿生视觉技术公司（Bionic Vision Technologies）已经研发出一项技术，能够在眼球后方植入芯片，并将其与佩戴在脸上形似一副眼镜的摄像头相连。这个摄像头捕捉到的图像会通过芯片向视神经传递。不过我们可能还需要 10~15 年的时间，才能看到这些技术日臻成熟，替代我们日日随身携带的智能手机。

从三星电子与苹果公司注册的专利技术来看，在"改造人"相关的通信设备出现之前，我们更有可能先看到的是可横向、纵向拉伸的智能手机，可覆盖前、后、边缘甚至可以卷起来的液晶显示屏。其实，智能手机的外观会变成什么样、"改造人"设备什么时候会出现，都不重要。相反，我们应该问一问人类为什么需要这些设备。无论是把它们拿在手中还是戴在手腕上，无论是像眼镜一样戴在脸上还是植入眼球或身体中，人类想做的就是通过这些设备进行交流、探索并取得成果。现实世界自身无法满足人类的这些欲望。我们成就得越多，欲望就变得越盛，而互联网与智能手机已经让人类的欲望无限膨胀。于是，人类又创造了元宇宙，贪恋着这些新世界中实现交流、探索与成就人生的新形式。未来，从事智能手机领域或与人体改造相关的硬件、软件、内容、平台等领域工作的商业人士，一定要密切关注元宇宙的发展动态。

元宇宙的未来

截至 2020 年 2 月，埃隆·马斯克的美国太空探索技术公司（SpaceX）已经成功发射了 300 枚近地轨道卫星，并宣布未来计划发射 12000 枚自有卫星。2020 年 7 月，亚马逊获得了美国联邦通信委员会（FCC）的人造卫星发射许可证，并宣布将投入 100 亿美元发射 3236 枚自有卫星。2021 年 1 月，这两家公司在推特上掀起了论战，指责美国联邦通信委员会的规定与许可证的颁发会导致两家公司的发射计划互相形成干扰。彭博新闻社曾报道苹果公司正在通过一个秘密研发团队开发一项技术，以实现苹果手机直接向人造卫星发送与接收数据的功能。为什么像苹果、亚马逊、SpaceX 这样的公司统统把目光聚焦到卫星上呢？因为卫星通信的数据传输速度远高于现在的水平，并且将会覆盖目前通信网络无法触达的区域，而且能够对每一名用户做出更加精准的定位追踪。

在 2020 年 7 月 1 日 GSMA（全球移动通信系统协会）举办的"GSMA Thrive·万物生晖"线上展会上，华为无线网络首席营销官甘斌称："4G 改变了生活，5G 将改变社会。"接下来会是什么？在 6G 时代，卫星与地面通信将结合起来，而且据称数据传输速度将是 5G 速度（每秒 20 千兆比特，即 20 Gbps）的 5~50 倍之高。如果说 4G 改变了生活，5G 正在改变社会，那么人造卫星将为我们打开整个新世界。这些新世界就是元宇宙。当然，元宇宙已经存在，但是在一个卫星能精准连通整个地球上每个边边角角的时代，在一个数据传输速度能达到每秒 1 太比特（1Tbps）的时代，我们能看到的元宇宙将是目前完全无法想象的模样。

苹果公司最初推出苹果应用商店时，智能手机市场上的其他竞争对手并没能很快意识到它的潜力。Kakao 开始将 KakaoTalk 应用软件免费推向大众时，许多人不明白这家公司如何能够通过一个免费的通信软件获利。但历史证明，创造一个人们认为有趣、有用的元宇宙终将会获得回报。《天堂》这款游戏最早于 1998 年 9 月 3 日问世。当时 NCsoft 公司把《天堂》程序加载到 CD 盘上，直接拜访各个网吧逐个进行安装。22 年后的今天，NCsoft 公司的市值已达到 200 亿美元左右。这就是虚拟世界元宇宙《天堂》的力量。

　　我无法准确预测未来元宇宙会是什么样。但我可以确定的是，未来参与创造元宇宙的公司与对此无动于衷的公司之间的差距将会越来越大。如果你想找到一条超越苹果、亚马逊、脸书与谷歌的路，一定要关注元宇宙的未来。我会在你迈向元宇宙的路上为你摇旗呐喊的。